Jardines floridos

rápido y fácil

> Autora: **Esther Herr** | Fotógrafos: **Manfred Pforr, Friedrich Strauß y otros** conocidos fotógrafos especializados en jardinería | Illustraciones: **Heidi Janiček**

HISPANO
EUROPEA

Indice

Jardines floridos

>> rápido y fácil

2 Distribuir

Colores y estructuras, formas y épocas de floración - todos estos factores se pueden combinar muy bien y aprovecharlos en favor del jardín.

1 Planificar

Si conoce las condiciones que se dan en su jardín y sabe cómo planificar, ya está un paso más cerca de ver cumplido su sueño de tener un jardín lleno de flores.

3 Plantar

Cómo preparar bien las plantas, arriates y suelos para que todo empiece pronto a florecer.

Descripción de especies

Las 20 más importantes

Descripción de las plantas con flores más apreciadas y fáciles de cuidar

Tablas de plantas

5 Cuidar

Las plantas sanas y bien cuidadas viven más tiempo y nos deleitan con una abundante floración

Apéndices

HISPANO
EUROPEA

Jardines floridos

Deseos y consideraciones

¿Le gustaría tener un jardín que se llenase de flores multicolores desde la primavera hasta el otoño? ¡Convierta sus sueños en realidad!

Pero antes de ponerse a cavar será necesario que planifique un poco lo que piensa hacer. ¿Qué plantas se adaptan a mi jardín? ¿Cuántas plantas voy a necesitar? ¿Cómo puedo combinarlas? Éstas son solamente algunas de las preguntas que puede plantearse.

Un arriate con flores puede estar formado por plantas muy diversas. Generalmente son las matas las que desempeñan el papel principal. Los planteles mixtos a base de matas, arbustos, plantas anuales y flores de bulbo tienen muchas ventajas con respecto a los formados únicamente por matas. Y lo más importante: es mucho más fácil conseguir que se mantengan atractivos durante todo el año.

¿Matas o plantas anuales?

Las matas, o plantas vivaces, son plantas resistentes a los fríos invernales, cuya parte aérea desaparece en invierno. De todos modos, cada especie tiene su propio ritmo de vida. Comparadas con las plantas anuales que florecen durante todo el verano, la mayoría de las matas suelen tener una floración mucho más breve. Pero las épocas de floración de las distintas especies abarcan casi todo el año. Basta con combinarlas de modo que se sucedan.

Plantas leñosas y flores de bulbo

➤ Los rosales y otros arbustos lucen de una forma muy distinta cuando están en un arriate de flores. Destacan por la fuerza de su estructura y conservan su atractivo durante el invierno. Las plantas de hoja perenne dominan incluso cuando la mayoría de las matas ya casi han desaparecido. El resto del año constituyen el marco ideal para las flores multicolores.

➤ ¿Cómo sería una primavera sin crocus, tulipanes o narcisos?

Un arriate mixto siempre luce mejor delante de un fondo uniforme, como un seto bien podado.

neles siempre a los arriates una anchura de por lo menos un metro. Generalmente, lo mejor será colocar las matas grandes en la parte posterior y las pequeñas en la delantera. Sin embargo, a veces un conjunto irregular resulta más atractivo y natural. ■

Con las flores de verano, como rudbequias y tagetes, se le puede dar al arriate un aspecto distinto cada año.

Son los primeros en dar una nota de color al arriate al inicio de la temporada. En verano lucen las flores redondas del ajo ornamental, y en otoño llegan las hermosas flores de las dalias. Pero éstas no resisten bien el frío y hay que retirarlas antes de las primeras heladas.

¿Y dónde colocamos el arriate?

Los parterres de flores es mejor conjugarlos con una pared de la casa, una zona de juegos o «pegados» a vallas, setos o muros. El colorido de las flores lucirá más si se destaca contra un seto bien recortado y tiene una zona de césped en primer término. Además, estos elementos formales proporcionan apoyo a las plantas herbáceas de mayor tamaño. A la hora de hacer la planificación tenga en cuenta que generalmente los arriates que se apoyan en elementos fijos sólo se pueden contemplar desde un lado, es decir, tienen una parte delantera y una trasera. La única excepción la constituyen aquellos arriates que están colocados como islas en medio de una extensión de césped o de piedras. Éstos deberán resultar igualmente atractivos desde cualquier lado (ver página 28).

Tamaño ideal del arriate

El arriate tradicional inglés de plantas vivaces mide 6 m de ancho por un mínimo de 8 m de largo. Naturalmente, estas medidas son impensables en un jardín normal. Pero la anchura es siempre el factor decisivo: cuanto más espacioso sea, mejor se podrán distribuir las plantas y también se podrán integrar arbustos. Por lo tanto, proporció-

INFORMACIÓN PRÁCTICA

Plantas trepadoras

Las plantas trepadoras y las enredaderas siempre constituyen un punto de atracción. Recubren estructuras de madera o de hierro, por ejemplo en forma de obeliscos o de esferas, y proporcinan estructura al arriate del mismo modo que los arbustos. Elija especies y variedades que no crezcan demasiado, como por ejemplo:

✗ Ipomea (*Ipomoea tricolor*), anual

✗ Guisante de olor (*Lathyrus odoratus*), anual

✗ Clemátide (*Clematis*, por ejemplo: *C. alpina, C. viticella, C.* «Jackmanii»), perenne

✗ Rosales trepadores (*Rosa*, por ejemplo: «Ghislaine de Féligonde», «Félicité et Perpétué» o «Blush Noisette»)

Composición

No hay dos jardines iguales. Por lo tanto, antes de ponerse a planificar y a plantar se impone: examinar detenidamente el terreno y analizarlo con lupa.

Como decía el conocido jardinero Karl Foerster, «Los problemas con las plantas vi-

> Algunas plantas necesitan suelos permeables.

vaces suelen tener su origen en la incompatibilidad». Y esto es algo que se puede aplicar tranquilamente a cualquier otro grupo de plantas. Si uno planta a pleno sol una mata que necesita sombra o sitúa

en un arriate bien abonado unas hierbas propias de suelos pobres, luego no deberá extrañarse si sus plantas no crecen como debieran.

Condiciones del emplazamiento

¿Cómo podemos evaluar el lugar?

➤ Por lo que respecta a la relación de **zonas con sol y sombra** es muy sencillo. Observe el lugar en el que están sus arriates. ¿Cómo varía su exposición al sol a lo largo del día? ¿Y cómo cambian estas condiciones durante el año? Es posible que los lugares que en primavera y otoño quedan a la sombra de un muro o de la pared de la casa en verano estén a pleno sol (ver páginas 18 y 20).

➤ El **suelo** también es un elemento fundamental. Usted mismo podrá comprobar si tiene que vérselas con un suelo arenoso y permeable o con un suelo arcilloso de difícil penetración para las raíces. De todos modos, si desea conocer mejor la composición del suelo puede tomar una muestra y hacerla analizar.

Características locales

Si se enfrenta a suelos o condiciones de luz difíciles, tiene dos posibilidades: Cambiar la composición del suelo a base de añadirle materiales para «mejorarlo». O bien elegir plantas del reducido, pero atractivo, grupo de especies aptas para lugares difíciles. Sin embargo, a la hora de elegir las plantas para los arriates es aconsejable que no se aparte del estilo de la casa y del resto del jardín. Fíjese también en su entorno: los jardines de las zonas urbanas son distintos a los de las zonas rurales.

Y no sólo las especies de plantas varían de un lugar a otro. También cambian las rocas naturales y otros materiales empleados para delimitar los arriates. Las rocas del lugar, además de ser las que mejor se adaptan al jardín también suelen ser las que resultan más económicas.

Naturalmente, también puede emplear plantas de un lugar completamente distinto, pero le saldrán más caras y tendrá que dedicar más tiempo a su jardín que si se decide por especies más fáciles de cuidar.

Rejuvenecer los arriates viejos

De vez en cuando es necesario renovar por completo los arriates de flores que han ido envejeciendo. A lo mejor ya no lucen como debieran, o han dejado de gustarle esos colores.

También hay plantas, como el aster de otoño o los híbridos de helenio *(Helenium)*, que al cabo de un par de años empiezan a aclararse por dentro y cada vez tienen una floración más pobre. Pero esto no implica que estén a punto de morir o que haya que eliminarlas, sino únicamente que hay que rejuvenecerlas mediante una poda adecuada. Vale la pena conservarlas, aunque ya no encajen mucho en el conjunto. A lo mejor puede ubicarlas en otro lugar o regalárselas a algún conocido. Sea como sea, el caso es que habrá que cavar y extraer todas las matas.

Una vez que haya preparado el suelo a conciencia (ver página 24) podrá plantar de nuevo las plantas rejuvenecidas y las recién compradas. Lo mejor es hacerlo en primavera o en otoño y, a ser posible, en un día nublado.

En todos los jardines podemos encontrar distintas ubicaciones: lugares soleados o sombríos, secos o húmedos.

Los biotopos de las plantas vivaces

Plantas sanas, hermosas y llenas de flores con el menor esfuerzo posible –el que quiera conseguirlas deberá empezar por situarlas en el lugar idóneo–. Las plantas vivaces nos ofrecen aquí una gran variedad. En la naturaleza colonizan zonas sombrías y frescas, lugares a pleno sol, suelos arenosos y cálidos, e incluso regiones húmedas y pantanosas. Sin embargo, en el jardín no optaremos tanto por las matas para biotopos extremos como por las que se adapten bien a arriates, bordes y zonas rocallosas (ver páginas 18 y 20). Los que tengan un estanque en el jardín pueden elegir también algunas especies palustres. ∎

RECUERDE

Forma y estilo

Deles forma a sus arriates de flores guiándose por el estilo de la casa y del resto del jardín. Los macizos florales resultan muy vistosos en un entorno de elementos formales.

Por ejemplo:

- ✔ Arriates de formas geométricas: rectangulares, cuadrados, redondos, elípticos.

- ✔ Arriates simétricos en los cruces de caminos.

- ✔ Arriates limitados por ladrillos, elementos de hierro o setos podados.

Un arriate aromático

>> especial

con rosas

Hay un nombre que aparece casi siempre que se pregunta por las flores favoritas: la rosa. Y éste es uno de los secretos de su éxito: su magnífico aroma.

A pesar de que no podemos verlos, los aromas son uno de los mayores placeres para nuestro espíritu. Muchas veces relacionamos nuestros sentimientos y nuestros estados de ánimo con determinados olores. Las plantas aromáticas son muy adecuadas para los rincones de descanso del jardín, ya que es dónde más se apreciará su aroma.

El que desee crear un arriate aromático no podrá prescindir de los rosales. Resultan muy indicados los rosales arbustivos pequeños (como por ejemplo los «Portland») y las variedades para arriates. Si el arriate linda con un muro o una pared también se pueden emplear rosales trepadores.

Pero sería una pena que en un arriate aromático solamente hubiese rosales. Después de todo, ¡existen muchos otros aromas de los que nos gustaría disfrutar! Las hierbas aromáticas también desprenden olores muy agradables. Y lo

mismo puede decirse de muchas plantas anuales o bianuales, plantas de bulbo e incluso arbustos. A veces son sólo las flores, y otras son las hojas las que desprenden su aroma al estar expuestas al sol. También hay plantas que solamente nos deleitan con su aroma por la noche, como el Don Diego de noche *(Mirabilis)* y la enotera *(Oenothera)*. Sus flores suelen ser de colores claros y también resultan muy agradables en la terraza para acompañarnos durante las noches del verano.

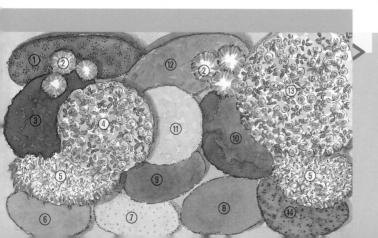

Este arriate a renovar (ver recuadro de la derecha) mide aproximadamente dos por tres metros. En él hay plantas con aromas dulces y de especias, aromas intensos y aromas suaves que se complementan entre sí.

Los lirios y las rosas son indiscutiblemente las reinas de las plantas. Ambas tienen en común el embriagador aroma que emanan sus flores.

El colorido y el aroma de una **lila de California** de color azul *(Ceanothus)*, los rosales trepadores y la hierba gatera en primer término alegran un muro del jardín.

Plantas para el arriate aromático

① Hinojo dorado (*Foeniculum vulgare* «Atropurpureum»): 5 unidades

② Lirio *(Lilium candidum)*: 6 unidades

③ Monarda escarlata *(Monarda)*: 2 unidades

④ Rosal Portland «Madame Knorr»: 1 unidad

⑤ Azucena amarilla (*Hemerocallis* «Gentle Shepherd») 2 grupos de 2 unidades

⑥ Tomillo (*Thymus vulgaris* «compactus»): 3 unidades

⑦ Santolina (*Santolina chamaecyparissus*): 2 unidades

⑧ Clavel (*Dianthus caesius* «Rosa Feder»): 4 unidades

⑨ Orégano (*Origanum laevigatum*): 3 unidades

⑩ Hierba gatera *(Nepeta sibirica)*: 3 unidades

⑪ Equinácea (*Echinacea purpurea* «Alba»): 2 unidades

⑫ Flox *(Phlox paniculata)*: 3 unidades

⑬ Rosal Bourbon «Louise Odier»: 1 unidad

⑭ Ajedrea *(Satureja montana)*: 3 unidades

Las bases de la distribución

La variedad es hermosa, pero para que el arriate de flores luzca de verdad es necesario que corresponda a una distribución bien planificada.

Una forma de combinar las diferentes especies de plantas es mediante un esquema de colores (ver páginas 16 y 22). También se puede aplicar el principio de emplear determinadas matas para guiar la vista del observador: determinadas plantas colocadas a intervalos más o menos regulares en el arriate sirven como guías.

Emplee para ello plantas que luzcan bien durante todo el año, como por ejemplo algunas variedades de rosales y hierbas. Así se conservará el efecto a lo largo de las estaciones. Para romper la monotonía, plántelas en grupos de distintos tamaños.

Organización por alturas

➤ Antiguamente se consideraba que las plantas grandes siempre debían estar al fondo y las pequeñas en primer plano. Pero actualmente no es necesario ceñirse a esta regla de forma estricta. Muchas veces se obtienen excelentes resultados con un conjunto ondulado que rompe con la monotonía. No plante las matas y arbustos en fila sino alternándolos.

➤ Pero hay una regla básica que no cambia: en el primer término del arriate hay que colocar plantas que conserven una buena apariencia durante el mayor tiempo posible, como las begonias, el sedo o el cestillo de plata. Estas plantas cumplirán también la función de delimitar el arriate (ver página 24).

➤ *Las hojas de geranios vivaces y alquimilas nos ofrecen un interesante contraste.*

➤ Al organizar el arriate, tenga también en cuenta el ciclo anual de las matas y las plantas de bulbo. Las plantas que florecen en primavera y que luego casi desaparecen, como las margaritas y las amapolas, hay que situarlas en la parte central o trasera del arriate. Así, después de la floración, mientras su follaje se vuelve amarillento quedarán ocultas por las matas de verano y de otoño tales como aster, sedo o rudbequia. Éstas, mientras no crezcan demasiado, también se pueden situar en la parte delantera del arriate. En primavera, antes de brotar, permiten ver bien lo que hay detrás de ellas.

➤ *Combinando plantas de diferentes alturas se pueden conseguir efectos muy atractivos.*

> Con grupos pequeños y grandes de plantas se obtiene un mosaico muy variado.

frío como por ejemplo el calamagróstide, siempre que no se las corte. Y lo mismo puede decirse de los ejemplares pequeños de algunas matas ornamentales como el sedo y las peonías.

Distribuir con gracia

No junte demasiadas matas de una misma especie, ya que después de la floración se notaría una gran zona sin flores y las demás plantas no podrían disimularla. Coloque los distintos grupos en pequeñas filas y de forma que se solapen ligeramente. ∎

Establecer contrastes

Las flores son la característica de la planta en la que más nos fijamos. Pero al componer un arriate también hay que tener en cuenta la forma de la planta y la de sus hojas. Éstas marcan el carácter de la planta durante mucho más tiempo que sus flores. Se pueden obtener efectos muy atractivos e interesantes a base de los contrastes de colores, estructuras y formas, como por ejemplo diversidad de tallas (combinando plantas altas y estilizadas con otras más bajas y densas), variedad de formas, como flores grandes y solitarias ante otras pequeñas y numerosas, hojas alargadas mezcladas con hojas anchas.

Atractivo durante todo el año

No es muy difícil conseguir que un arriate conserve su atractivo durante todo el año, ya que actualmente disponemos de una gran oferta de plantas. Las plantas perennes y resistentes al invierno, como la lavanda, la bola de nieve (*Viburnum opulus)* y el cestillo de plata permiten que el arriate conserve su belleza durante el invierno (ver calendario de floración, página 56). Naturalmente, también se pueden emplear hierbas resistentes al

ver calendario de floración, página 56

INFORMACIÓN PRÁCTICA

Transición continuada

El principal objetivo del arriate de flores consiste en combinar las plantas de modo que se obtenga una continuidad con sus flores o con el atractivo de sus hojas. Las siguientes plantas combinan muy bien una al lado de la otra:

✗ Coridalis amarilla y hosta

✗ Narciso y ligularia

✗ Tulipán y peonía

✗ Ombliguera y helechos

✗ Hosta y anémona de otoño

✗ Amapola y aster de verano

Estructurar los arriates

Un buen arriate no sólo luce en verano. Es precisamente en invierno cuando se aprecia si es capaz de conservar su atractivo sin flores.

No se trata solamente de incluir flores invernales como la bola de nieve o los eléboro, sino de que haya estructuras y

> Las plantas dominantes, como estas Canna, proporcionan estructura al arriate.

arbustos cuyas formas resulten atractivas al quedarse sin hojas o al cubrirse por la nieve.

➤ Las especies de hoja perenne cambian de aspecto a lo largo del año, a pesar de que su altura siga siendo la mis-

ma: las hojas y flores resultan muy llamativas en invierno, pero lo que más llama la atención son las formas desnudas.

➤ Por su parte, los árboles y arbustos de hoja perenne como el boj, el laurel y las coníferas conservan su aspecto y siguen irradiando su armonía. Desde la primavera hasta el otoño se limitan a crear un fondo verde sobre el que destaca el luminoso colorido de las plantas de bulbo, de las matas y de las plantas anuales, pero durante el invierno pasan a convertirse en protagonistas.

Hierbas fascinantes

Erectas y altivas, colgando elegantemente o en pequeños

y compactos macizos, las gramíneas están predestinadas a proporcionarle estructura al arriate. Sus formas estilizadas les permiten colocarse entre plantas de colores y formas opuestas. Y si son ellas las que dominan, no lo hacen con el protagonismo de las plantas con flores. A pesar de que muchas especies cambian de aspecto a lo largo del año, conservan su carácter primordial. El calamagróstide, por ejemplo, brota a finales de primavera de color rojizo, luego aparecen sus florecillas marrones sobre las hojas, y en otoño se inflama con una gama de tonos rojos y anaranjados. Durante el invierno conserva también

SUGERENCIA

>> rápido y fácil

Formas de las flores

Para estructurar un arriate, además del color de las flores podemos emplear también sus formas. Lo importante es conseguir siempre un buen contraste. Ejemplos:

➤ **Espigas:** salvia, digital, trébol rojo, altramuz
➤ **Umbelas:** flox, milenrama, sedo
➤ **Esferas, verticilios:** cardo, ajo ornamental, monarda
➤ **Racimo:** vara de oro, muchas gramíneas ornamentales
➤ **En forma de velo:** hinojo, algunas gramíneas ornamentales.

> *Las matas de salvia se alzan por encima de las aromáticas nubes de flores del manto de dama.*

su elegante figura, pero ahora de color marrón.

Matas en solitario

Al igual que los árboles y los arbustos, las matas grandes y altas también pueden emplearse como elementos fijos del arriate. Son especialmente adecuadas las que florecen en otoño y a finales de verano, ya que siempre ofrecen un aspecto atractivo: en primavera se cubren del verde brillante de sus brotes, en verano presentan un denso follaje, en otoño florecen y en invierno conservan sus tallos con frutos. Sin embargo, algunas de estas plantas llegan a crecer bastante y no son adecuadas para los arriates pequeños.

La belleza de las hojas

El arriate no sólo puede destacar por la belleza de sus flores. Hay muchas plantas que tienen las hojas de unos colores muy interesantes. Y presentan una importante ventaja: las hojas duran mucho más que las flores. En las zonas de sombra destacan las manchas, puntos y franjas blancas y amarillas de las hostas, las pulmonarias y la brunera. En los arriates soleados destacan principalmente los tonos rojo oscuros como los de los coralitos y las euforbias, o las hojas de color gris plateado de la santolina y la lavanda. También hay plantas anuales con hojas de colores muy llamativos. ∎

INFORMACIÓN PRÁCTICA

Gramíneas ornamentales

Las mejores hierbas para estructurar los arriates y macizos son las siguientes:

✗ *Calamagrostis x acutiflora*: hasta 170 cm; florece de principios a mediados de verano.

✗ *Carex muskingumensis*: con flores (principios a mediados de verano) hasta 75 cm.

✗ *Schizachyrium scoparium*, 100 cm, flores de color azul acerado, naranja en otoño.

✗ *Deschampsia cespitosa*, 70 cm, hoja perenne; flores doradas (principios a mediados de verano).

✗ *Panicum virgatum*, hasta 120 cm, color rojizo en otoño.

✗ *Melica ciliata*, hasta 70 cm, espigas pequeñas y amarillentas en principios de verano.

Color, ésa es la palabra mágica

Los colores no sólo pueden hacer que varíe la sensación de espacio en el jardín, en los arriates de flores influye sobre todo nuestro estado de ánimo.

Al distribuir las plantas puede resultar muy útil disponer de

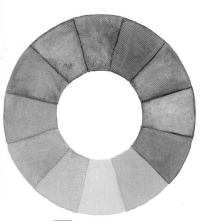

> En el círculo cromático no se encuentran los «no colores» tales como el negro y el blanco.

una rueda con la gama de colores naturales. Aquí están representados en orden según las distintas longitudes de onda del espectro de la luz solar.

➤ Existen tres **colores primarios** o fundamentales: el rojo, el azul y el amarillo.

➤ Los **colores secundarios** son los que se obtienen al combinar dos colores primarios: naranja (rojo y amarillo), verde (azul y amarillo) y violeta (azul y rojo). Naturalmente, los resultados varían en función de la proporción en que intervenga cada uno de los colores primarios. En esta gama no se incluyen los colores complejos tales como el rosa o el marrón.

➤ En las plantas, efecto de los distintos colores, o la forma en que nosotros los percibimos, depende mucho de la forma y la estructura de las flores (ver página 22). Así, por ejemplo, la forma radiante y abierta de las margaritas hace que su color blanco nos parezca más claro y luminoso que el de otras flores más pequeñas y cerradas.

Armonía y contraste

➤ En función de su distribución espectral podemos distribuir a los colores en varias **categorías** : cálidos y fríos, tonos armoniosos y contrastados. Los colores que se encuentran próximos en el espectro siempre armonizan entre sí, como

por ejemplo la secuencia naranja, amarillo anaranjado, amarillo.

➤ Pero también existen **contrastes** que combinan bien (ver página 22). Se obtienen con los colores que están directamente opuestos en la rueda, como por ejemplo el amarillo y el violeta. La denominación de **colores complementarios** ya nos indica que han de encajar bien.

>>rápido
y fácil

SUGERENCIA

Multicolores

Muchas plantas combinan varios colores en una misma flor y resultan excelentes para combinar con otras.

➤ Las flores de *Nemesia* «Mango» son de color amarillo y rosa –combinan bien con las verbenas rosas y las margaritas del Cabo amarillas–.

➤ Las margaritas blancas tienen el centro amarillo –combinan con matas amarillas–.

➤ Así como la **armonía** siempre produce un efecto agradable y que no resulta aburrido para la vista, los contrastes crean una sensación especialmente viva y generalmente muy luminosa e intensa.

➤ En los tonos densos y cálidos conviene intercalar algo de blanco o gris –a base de flores u hojas– para suavizar el efecto.

Cálido y frío

Los colores tienen distintas «temperaturas». Y esto es algo que resulta fácil de comprobar. Cada persona asocia un color a determinadas cosas o sensaciones: azul con el agua, rojo con el fuego, amarillo con el sol. El agua la relacionamos con el frío, el sol y el fuego con el calor. Todas las combinaciones de amarillo y rojo dan colores cálidos. Pero un amarillo o un rojo con mucho pigmento azul resultará más frío. No conviene abusar de los colores cálidos porque destacan mucho y se convierten en dominantes (ver foto de la página 9). Y al acentuar tanto su presencia producen un efecto óptico que empequeñece el espacio. Con un azul frío o un verde azulado se obtiene el efecto opuesto.

Un contraste perfecto: en el círculo cromático el azul y el naranja están en posiciones opuestas.

Tríos de colores

No coloque demasiados colores en un mismo arriate porque disminuirá su efecto. Si no se contenta con un sólo color y sus tonalidades o con dos colores complementarios, intente conseguir un trío de colores que combinen bien. Para ello, ponga un triángulo equilátero en el centro de la rueda de colores y vea los que combinan entre sí: rojo, azul y amarillo, los tres colores primarios, o naranja, violeta y verde. ■

INFORMACIÓN PRÁCTICA

Colores extraños

Cada vez se obtienen nuevas variedades de plantas con las que se pueden crear nuevas combinaciones cromáticas:

✗ **Flores verdes:** Zinnia «Envy», Campanas de Irlanda, tabaco ornamental «lime green». Combinan bien con el rojo púrpura, el blanco, el crema y el naranja.

✗ **Flores u hojas de color negro rojizo:** Malva real «Nigra», flor de cera, armuelle «Red Spire». Combinan bien con el naranja, el verde amarillento y el color terracota.

✗ **Color ciruela:** Altramuz «Thundercloud», *Salvia splendens* «Vista violetta». Combinan bien con el rosa y el amarillo limón.

El jardín soleado

Rojas amapolas orientales, amarillos *Helenium* y el azul de la espuela de caballero; las matas más destacadas necesitan un lugar bajo el sol.

Y no solamente las plantas, también la mayoría de los propietarios de jardines prefieren disfrutar de su paraíso verde para gozar del sol. No es casual que la mayoría de las casas tengan la terraza orientada hacia el sur. Así lucen más los colores y los aromas se manifiestan con mayor intensidad. Consideraremos que un lugar es soleado para las plantas cuando no haya muros, paredes o árboles que le den sombra o cuando reciba luz solar directa durante unas cuantas horas seguidas, especialmente a mediodía. Los jardines nuevos suelen tener gran parte de su superficie a pleno sol. Pero el suelo puede tener distintas características (ver páginas 8 y 24). Y según sea el subsuelo, será seco o húmedo. Lo bueno es que para estos terrenos disponemos actualmente de una gran variedad de plantas en donde elegir. Ya sólo de las matas grandes que necesitan un lugar despejado para crecer existen muchas especies, y cada año aparecen un sinfín de nuevas variedades que se suman a las de siempre. También la mayoría de las plantas anuales y bianuales necesitan sol para poder desarrollarse bien, como es el caso de los girasoles, las caléndulas y el clavel de poeta (ver descripciones de especies a partir de la página 40 y tablas a partir de la página 50).

Las flores amarillas, como las de la rudbequia, son típicas de las matas para lugares soleados.

Rocallas

Un jardín rocoso puede estar formado por losas regulares o piedras ordenadas, por grandes rocas o por suelos cubiertos de gravilla. En cualquier caso, el suelo de debajo será permeable y bastante pobre en nutrientes. Las matas de campanillas pequeñas, sedo y geranios vivaces se desarrollan muy bien en estas condiciones. Las piedras y rocas son muy importantes porque proporcionan frescor a las raíces mientras la planta acumula el calor del sol para sus partes aéreas. Las rocallas también son ideales para muchas variedades silvestres de plantas de bulbo o de rizoma (ver tablas de las páginas 53 y 55).

Zonas soleadas alrededor de árboles y arbustos

En las proximidades de los árboles y arbustos también hay lugares soleados. En las que están orientadas hacia el sur puede llegar a hacer mucho calor. Las matas ideales para estos lugares son las diversas especies de aster silvestres

SPARSUGERENCIA

Perovsquias y euforbias viven bien en un lugar soleado, permeable y algo seco.

>> rápido
y fácil

Alfombra aromática

En los lugares muy soleados se puede sustituir el césped por plantas aromáticas tapizantes:

➤ Manzanilla romana (*Anthemis nobilis* «Treneague»): sin flores, crecimiento rápido, se puede pisar; aroma a manzana.

➤ Tomillo de comino (*Thymus herba-barona*): huele a comino.

➤ Ajedrea silvestre tapizante (*Satureja repanda*): flores blancas.

INFORMACIÓN PRÁCTICA

Rosales para el arriate

Los rosales necesitan estar en un lugar soleado. Compruebe la altura y desarrollo de cada uno de los grupos:

✗ **Rosales tapizantes:** tallos colgantes, horizontales o arqueados; hasta 2 m de longitud.

✗ **Rosales enanos:** arbustivos, hasta 30 cm de alto y de ancho.

✗ **Rosales injertados para arriates:** pequeños y erectos; de 40-100 cm de altura.

✗ **Rosales arbustivos:** erectos o colgantes; 2-3 m de alto y de ancho.

✗ **Rosales arborescentes pequeños:** injertados sobre patrones de 60, 90 o 140 cm de altura.

(como *Aster divaricatus*), la hierba gatera mayor (*Nepeta grandiflora*) o la *Stachys grandiflora* de flores rosas. Para que resulte atractivo en primavera se pueden añadir tulipanes silvestres y otras pequeñas flores de bulbo (ver tabla de la página 55).

Las estrategias de las plantas

Las plantas capaces de resistir en lugares muy calurosos se suelen reconocer fácilmente por su aspecto externo. Las hojas gruesas y suculentas indican que esas especies retienen agua en ellas para cuando vengan tiempos de sequía. Un caso muy típico es el del sedo (*Sedum*). Los tulipanes, los lirios y el puerro ornamental también tienen órganos de reserva: sus bulbos y rizomas subterráneos. Las hojas verdosas y aterciopeladas de muchas plantas aparentan un color verde plateado porque están recubiertas de muchos pelitos diminutos que les ayudan a evitar la transpiración. Ejemplos: lavanda, santolina. ■

El jardín con (media) sombra

«¡Socorro, nuestro jardín está a la sombra!» Pero esto no significa que usted se vaya a ver obligado a renunciar al colorido de las flores. De ningún modo.

En los lugares a la sombra o a media sombra pueden crecer tantas flores multicolores como en los arriates expuestos a pleno sol. Lo único que hay que hacer es saber elegir las especies adecuadas. Y entre las matas existe precisamente una gran variedad de especies aptas para estos lugares.

No todas las sombras son iguales

Las sombras tienen muchas caras. De ningún modo son simplemente rincones oscuros y húmedos. En casos extremos pueden ser muy secas o muy húmedas.

Pueden estar producidas por la pared de la casa (cara norte), por muros o por los árboles del jardín. Mientras que en los lugares a la sombra de los edificios suele ser más problemática la falta de agua de lluvia que la de luz, bajo los árboles todo dependerá de cuál sea la densidad de su follaje. Bajo los árboles viejos hay menos luz que bajo los recién plantados, y bajo los árboles grades hay más luz que bajo los arbustos muy densos. Las matas que viven a su sombra tienen algo en común: en otoño tienen que soportar que les caigan algunas hojas por encima, ya que incluso las coníferas se desprenden regularmente de sus agujas viejas, o incluso de todas. Además, cuando llueva, estas matas de «sotobosque» tendrán que resistir el fuerte goteo que les llegará del árbol.

En entorno de los árboles

➤ La hojarasca que cae anualmente al suelo ejerce una función protectora, pero también influye de otras maneras en las características del suelo. Las agujas de las coníferas, por ejemplo, al pudrirse liberan ácidos que acidifican

➤ Las Astilbe de flores rojas, rosas y blancas son unas de las matas más atractivas para los lugares sombríos o de semisombra.

> Las plantas tapizantes suelen ser de desarrollo bastante rápido.

el suelo haciendo que baje su pH. Por este motivo, y debido también a la penumbra que suele reinar bajo estos árboles de hoja perenne, no es fácil conseguir matas que florezcan bajo las coníferas.

➤ Al plantar matas bajo árboles que ya estén crecidos será necesario tener cuidado con sus raíces. Los árboles y arbustos de raíces superficiales y densas, como weigelia, magnolia, abedul o lila, hacen que sea difícil cavar un hoyo para plantar a su sombra. Las matas no tendrán ninguna posibilidad de competir con ellos por el agua y los nutrientes. Lo mismo sucede con los arbustos que se multiplican por estolones, como el zumaque de Virginia, el espino de arena y otros.

➤ Sin embargo, apenas tendremos trabajo con los que producen raíces profundas, como el espino rojo, el hibisco y el cerezo.

Especialmente fáciles de cuidar

Las matas, flores de verano y plantas de bulbo para lugares sombríos suelen tener unas flores menos llamativas que las de las que viven en lugares soleados. Pero son muy fáciles de cuidar. Las especies tapizantes acaban por recubrir el suelo con un espeso manto que impide el desarrollo de malas hierbas. Y esto sin que tengamos que hacer nada, al contrario: es mejor no estar siempre cavando y cuidándolas. Eso no haría más que estropearlas. Así son un complemento ideal para el césped en las zonas sombrías en las que éste crecería solamente de un modo muy pobre. En los lugares húmedos se puede plantar *Tiarella* u ortiga muerta. Y para las zonas sombrías y secas también existen muchas posibilidades (ver recuadro de arriba a la derecha). ∎

Sombras secas

Los lugares sombríos y secos suelen ser difíciles. Pero también encontramos algunas matas adecuadas para ellos:

- ✗ Alquimila (*Alchemilla mollis*): flores de color verde amarillento.
- ✗ Epimedio (*Epimedium x perralchicum*): flores amarillas.
- ✗ Pulmonaria (*Pulmonaria officinalis*): flores rosas, azules, violetas y blancas.
- ✗ Hierba doncella (*Vinca minor*): flores azules, blancas o rojas.
- ✗ Waldsteinia (*Waldsteinia ternata*): flores amarillas.
- ✗ Lúzula (*Luzula sylvatica*): herbácea perenne, soporta el frío.

La separación adecuada

Cada mata necesita una determinada separación que viene dada en función de su necesidad de expansión, su ubicación y las plantas que la rodean. Los siguientes datos sólo son indicativos:

- ✔ **Especies que crecen a lo alto y a lo ancho** a partir de unos 80 cm: 1-3 plantas por m²
- ✔ **Especies de tamaño medio** (de 40 a 80 cm): 4-5 por m²
- ✔ **Especies pequeñas** hasta unos 40 cm: 6-8 por m²
- ✔ **Especies tapizantes** hasta 15 cm de altura: 9-10 por m²

Un arriate con su
color favorito

Los colores nos permiten conseguir los más diversos estímulos y efectos. ¡También en el jardín!

➤ Excitantes o relajantes, vivaces o discretos. En un arriate soleado con matas de flores azules y amarillas se conjugan dos colores opuestos. Y se combinan bien a pesar de que en la rueda de colores (ver página 16) no están directamente opuestos y, por lo tanto, no son colores complementarios.

➤ El amarillo cálido se vuelve más claro y luminoso, el azul frío gana nobleza y carácter. El amarillo desempeña el papel más marcado, pero no dominante, en esta composición, mientras que el azul es más discreto y añade una sensación de espacio que suaviza el efecto del conjunto.

➤ Con el azul y el amarillo se puede conseguir una buena continuidad cromática. En primavera se pueden emplear el doronico de leopardo y la pulmonaria, además de muchas flores de bulbo. En verano las reemplazarán las especies de campanillas, espuela de caballero, rudbe-

quia y coreopsis propias de lugares con semisombra. En otoño lucirán las aster, vara de oro y acónitos.

➤ No hay nada que nos impida variar los colores del arriate a lo largo del año. Muchas veces incluso no nos queda más remedio que cambiar de colores con las estaciones porque no encontramos las plantas adecuadas. Un macizo de flores puede ser verde y blanco en primavera, amarillo y naranja en verano, y violeta y rojo oscuro en otoño.

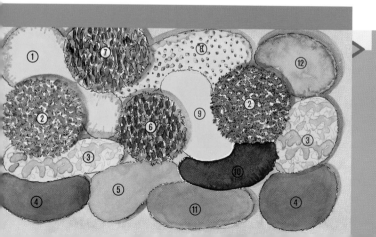

Este arriate de matas mide aproximadamente dos metros por tres y se mantiene siempre **amarillo y azul** (ver recuadro de la derecha). Las matas más destacadas son las de espuela de caballero y las aster de otoño.

Los diversos **tonos azulados** de altramuces, espuelas de caballero, hierba gatera y lirios se unen para formar un conjunto muy armonioso. El azul proporciona una sensación de amplitud.

Gris con gris no tiene por qué resultar monótono: gracias a los luminosos puntos blancos y las distintas estructuras de las hojas este macizo no es nada aburrido.

INFORMACIÓN PRÁCTICA

Plantas para el arriate de color

① Doronico (*Doronicum orientale* «Magnificum»): 3 unidades
② Aster de otoño (*Aster laevis* «Blue Bird»): 2 x 1 unidades
③ Azucena amarilla (híbrido de *Hemerocallis* «Golden Chimes»): 3 y 2 unidades
④ Aster (*Aster dumosus* «Herbstpurzel»): 2 y 3 unidades
⑤ Alquimila *(Alchemilla mollis)*: 3 unidades
⑥ Espuela de caballero (híbrido «Atlantis» de *Delphinum - Belladona*) 1 unidad
⑦ Espuela de caballero (híbrido «Polarnacht» de *Delphinum - Elatum*): 1 unidad
⑧ Rudbequia (*Rudbeckia fulgida* var. deamii): 3 unidades
⑨ Vara de oro (*Solidago* híbrido «Goldenmosa»): 3 unidades
⑩ Salvia (*Salvia nemorosa* «Caradonna»): 4 unidades
⑪ Geranio vivaz (*Geranium x magnificum*) 3 unidades
⑫ Girasol de hoja pequeña (*Helianthus decapetalus* «Capenoch Star»): 1 unidad de hoja pequeña.

23

Cómo preparar bien el arriate

Para poder disfrutar de las plantas con flores durante todo el año es necesario empezar por preparar bien el arriate.

El suelo ideal es mullido, ligeramente alcalino (no ácido), con suficiente cantidad de agua y nutrientes, y libre

Una bordura a base de alquimila ayuda a proporcionarle un marco al arriate.

de malas hierbas. Por lo tanto, antes de empezar a plantar deberá averiguar cuál es realmente el estado del suelo de su jardín (ver página 8). Solamente así podrá deter-

minar qué plantas se adaptan a él o qué aditivos deberá emplear para mejorar sus condiciones (ver recuadro de la derecha).

Preparación de un arriate nuevo

➤ Antes de preparar el nuevo arriate, marque sus contornos con un cordel o con una manguera. Así le será fácil determinar bien su ubicación y sus dimensiones.

➤ Una vez decidido esto, cave el arriate y ablande el suelo por lo menos hasta la profundidad de la laya.

➤ Elimine las malas hierbas. Emplee una azada para arrancar las malas hierbas de raíz y sacarlas de una pieza, sin cortarlas a trozos.

➤ Mezcle bien la tierra con los productos necesarios.

➤ Para acabar, alise la superficie con un rastrillo. Retire las piedras y los grumos de tierra demasiado gruesos. Al acabar, el suelo deberá estar lo suficientemente blando y mullido como para poder plantar las plantas con la mano.

➤ Antes de empezar a plantar, coloque los árboles, ar-

bustos, matas o flores de verano en agua durante por lo menos diez minutos. Luego sitúelos en el lugar del arriate en el que van a estar.

Cultivo previo

En los suelos muy densos y compactos, como suelen ser los de los jardines de nueva construcción, es mejor esperar una temporada antes de empezar a plantar de forma definitiva. En vez de eso se pueden plantar plantas que sirvan para preparar el terreno, como por ejemplo altramuces o mostaza. Después de su floración se trituran y se mezclan con la tierra. Nitrogenan el suelo y sus raíces lo mejoran y lo ablandan, por lo que luego será mucho más fácil efectuar la plantación definitiva.

Márgenes de los arriates

Así como un buen cuadro resalta mucho más si se le coloca el marco adecuado, los márgenes del arriate ayudan mucho a destacar su aspecto. Pueden realizarse a base de rocas decorativas, ladrillos

1 Marcar

Determine la ubicación y las dimensiones de su nuevo arriate, marque los límites con estacas y un cordel.

2 Cavar

Empiece por cavar exactamente el perímetro con una laya y luego ablande toda la tierra.

3 Preparación

Mezcle la tierra con los fertilizantes y demás productos necesarios.

colocados en posición vertical, traviesas de madera, etc. También disponemos de todo tipo de elementos comerciales a base de mimbre, estacas, terracota, fundición de hierro, o plástico.

Pero lo más bonito son los bordes a base de plantas, como por ejemplo pequeños setos de boj. Las mejores variedades para esta finalidad son «Blauer Heinz» y «Suffruticosa». Otra planta adecuada es el agracejo (por ejemplo *Berberis thunbergii* «Kobold» o «Atropurpurea Nana»). En los extremos del arriate se pueden colocar matas compactas y verdes (bergenia, santolina, etc.) o bier hierbas perennes tales como ruda, tomillo, hisopo o lavanda.

Compre calidad

Para que sus plantas crezcan bien es necesario que tenga en cuenta algunos detalles antes de comprarlas:

➤ Examine sus hojas y brotes en busca de posibles enfermedades o parásitos (manchas).

➤ Olvídese de las plantas con raíces retorcidas, podridas o débiles.

➤ Adquiera solamente ejemplares sanos, robustos y bien ramificados.

➤ Al comprar bulbos, elija siempre los más grandes.

➤ En las matas, el precio depende del tamaño de la maceta. Por lo tanto, asegúrese de que la planta esté bien arraigada y de que su precio sea correcto.

➤ Los arbustos se cotizan según el número de tallos, el precio de los árboles suele ir en función de la circunferencia del tronco. Al comprar plantas con cepellón, conviene fijarse en que realmente sean de vivero. ■

25

Cómo se planta

Si al plantar sus plantas tiene en cuenta un par de conceptos básicos, seguro que tendrá éxito con las flores

No cometa el error de plantar sus arriates demasiado densos. Lo único que conseguiría es que muchas matas acabasen muriendo al cabo de poco tiempo a causa de la excesiva competencia de las demás. O tendría que empezar a sacar plantas porque faltaría espacio para todas –ese dinero ha-

bría podido ahorrárselo–. Es muy importante mantener la distancia adecuada entre las plantas. Y solamente podemos calcularla a partir del tamaño final que éstas puedan alcanzar (ver recuadro de la página 21).

Primero las plantas leñosas

Generalmente nadie compra arbustos adultos, saldrían demasiado caros. Lo habitual

es comprar plantas con una altura de 60 – 100 cm. En la etiqueta que acompaña a cada planta se indica la altura y la anchura que puede llegar a alcanzar. En los arriates siempre hay que empezar por plantar las plantas leñosas (árboles y arbustos). Su tamaño y su distribución resultan muy útiles para marcar y definir los espacios. A continuación se plantan las matas. Crean una zona llena de colorido alrededor de las leñosas y le dan carácter y color al arriate durante todo el año. Lo último que se planta son las plantas de bulbo y de tubérculo así como las anuales y bianuales. Sirven para dar las primeras notas de color de la temporada (flores de bulbo) o para rellenar rápidamente cualquier hueco (flores de verano).

Herramientas útiles

Para plantar y recortar, mullir el suelo y arrancar las malas hierbas es importante disponer de algunas ayudas.

➤ Para mullir el suelo de los arriates nuevos (ver página 24) hace falta una **laya** (para

Traslade sus esquemas al terreno marcando las zonas con arena. Luego podrá colocar las plantas en los lugares previstos.

> *Para poder trabajar bien el jardín es imprescindible disponer de buenas herramientas. Las pequeñas herramientas de mano resultan muy prácticas.*

ladas e impide la aparición de tallos indeseables.

➤ En cuanto a las plantas de bulbo o de tubérculo: en los suelos ligeros hay que plantarlos a una profundidad igual a tres veces la altura del bulbo, en los duros solamente a dos.

➤ Lo más sencillo es trasplantar plantas de maceta. Basta con plantarlas en el jardín a la misma profundidad a la que estaban en la maceta. ∎

suelos ligeros), o una **azada** o azadón (para suelos pesados).
➤ Para mullir superficialmente el suelo de los arriates ya plantados se emplea un **rastrillo de mano** (para suelos ligeros) o una **azada pequeña** (para suelos pesados). Resultan muy prácticos los mangos a los que se les pueden adaptar múltiples herramientas.
➤ Para podar y multiplicar las plantas hace falta disponer de una buena **tijera**.
Muy importante: ¡Compre solamente herramientas de la máxima calidad! Las herramientas baratas no duran mucho e incluso pueden ser peligrosas si se rompen.

¿Cómo plantar?

➤ Por regla general, para plantar una planta es necesa-

rio cavar un hoyo que sea el doble de grande que su cepellón. Así las raíces podrán propagarse mejor por la tierra mullida.
➤ La tierra extraída se emplea para rellenar el hoyo, el resto se coloca alrededor de la planta y se apisona un poco.
➤ Las plantas con raíces desnudas (las que se venden sin cepellón) hay que regarlas con agua en abundancia para que no queden espacios vacíos alrededor de ellas.
➤ Hay que plantarlas a la misma profundidad que a la que estaban en el vivero. Lo reconocerá fácilmente por el cambio de color en la corteza.
➤ Los rosales tienen una particularidad: el injerto tiene que quedar a unos 5 cm bajo tierra, lo cual aumenta la resistencia de la planta a las he-

Epoca ideal para plantar

Las plantas de maceta se pueden plantar durante todo el año, a condición de que el suelo no esté helado. Por lo demás:

✗ Entre las **matas**, la peonía y la amapola oriental es preferible plantarlas en otoño; todas las aster de otoño, las anémonas de otoño, la lavanda y la hierba gatera crecen mejor si se plantan en primavera.

✗ Las **leñosas** de raíces desnudas o con el cepellón envuelto (sin maceta) es mejor plantarlas en otoño o poco antes de que llegue la primavera.

✗ Los **bulbos** que florecen en primavera hay que plantarlos en otoño, los que florecen en verano o en otoño se plantan en primavera.

Un arriate aislado y no sólo con
flores de verano

Un arriate aislado podría ser la solución ideal si realmente desea realzar su terraza o esa monótona extensión de césped.

Lo especial del caso: debido a su situación central siempre será un centro de atención. Los arriates centrales no tienen un sólo «lado bueno» sino que han de resultar atractivos se los mire por donde se los mire.

Los arriates centrales o aislados estuvieron de moda en Inglaterra hace aproximadamente un siglo: eran arriates redondos llenos de llamativas flores de verano y ubicados en el centro del césped; entre las distintas plantas tenía que poder verse la tierra. Pero, afortunadamente, en la actualidad ya no tenemos por qué seguir esas reglas tan anticuadas. Los oasis de flores pueden estar en la intersección de dos caminos, en el centro de una superficie de gravilla, o incluso en medio de la terraza. Pueden tener cualquier forma y, también pueden incluir matas y plantas leñosas.

Un par de sugerencias:

➤ Para delimitar el arriate elija siempre plantas de follaje muy denso o con hojas grandes (ver página 24). Ayudan a crear una separación visual entre el arriate y su entorno a la vez que, por ejemplo, evitan que el césped invada constantemente el macizo de flores. Se puede complementar con un margen de piedras.

➤ Determine las dimensiones del arriate en función de las de su entorno. Si el arriate es demasiado pequeño parecerá perdido, y si es demasiado grande será opresivo.

➤ Elija libremente si prefiere formas irregulares o geométricas.

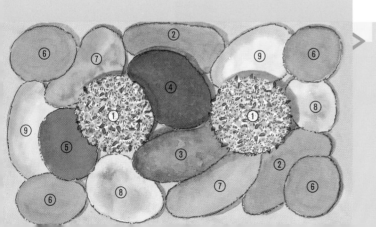

Este arriate solamente contiene **plantas anuales** (excepto las dalias) y mide unos dos metros (ver recuadro de la derecha). Destaca por sus luminosos tonos de amarillo, rosa y naranja.

Un arriate central clásico estaría situado en medio del césped. En su versión actual es como una franja multicolor e irregular que recorre todo el césped.

La versión formal de un arriate central puede estar ubicada incluso en una terraza. Aquí vemos rosales y lavandas rodeados por unos perfectos setos de boj.

INFORMACIÓN PRÁCTICA

Plantas para el arriate central

Dado que las flores de verano se pueden plantar con mayor densidad que las matas, aquí hemos elegido una sección relativamente pequeña de este arriate. Si desea realizar uno más grande no tiene más que ir repitiendo la secuencia.

① Dalia (híbrido de *Dhalia* «Jescot Julie»): 2 x 1 unidades
② Zinia, rosa mística (*Zinnia elegans* «Lilliput Gem Orange»): 2 x 5 unidades
③ Zinia, rosa mística (*Zinnia elegans* «Benarys Riesen Violeta»): 5 unidades
④ Cosmos (*Cosmos bipinnatus* «Sensation Pink»): 5 unidades
⑤ Cosmos (C*osmos bipinnatus* «Gazebo Pink»): 3 unidades
⑥ Tagetes (*Tagetes tenuifolium* «Puszta-Zauber»): 3 x 4 unidades
⑦ Boca de dragón (*Antirrhinum majus* «Frosted Sunset»): 2 x 5 unidades
⑧ Nemesia (*Nemesia* «Mango»): 2 x 3 unidades
⑨ Caléndula (*Calendula officinalis* «Pink Surprise»): 2 x 5 unidades

Matas y flores de verano

Para que un jardín esté lleno de colorido hacen falta bastantes plantas. ¡Reprodúzcalas usted mismo!

Con las matas es especialmente sencillo: una vez se ha aclimatado bien una especie suele ser fácil obtener varios ejemplares a partir de una planta.

Dividir las matas

Lo más seguro es cortar las plantas. Funciona bien con casi todas las matas y plantas vivaces que ya han alcanzado un buen desarrollo. Las plantas que florecen en primavera o en verano se dividen a mediados de otoño, las que florecen en otoño se dividen a principio de primavera.

➤ Extraer la planta del suelo con la azada.

Muchas matas, como esta aguileña, se propagan ellas mismas por semillas.

➤ Empleando un cuchillo bien afilado, cortar el cepellón en trozos que sean por lo menos del tamaño del puño.

➤ Recortar la parte con hojas a unos 10 cm (para reducir la transpiración) y eliminar las flores que pudiese tener la planta.

➤ Volver a plantar los trozos en el arriate.

Esquejes de raíz

La división no funciona en algunas matas de raíces verticales y gruesas, como por ejemplo el altramuz, la amapola oriental y la floxia. Estas especies se pueden multiplicar por esquejes de raíz.

➤ Extraer las plantas en otoño con una azada.

➤ Elija raíces de unos 5 cm de diámetro y córtelas a trozos de 5-7 cm de longitud.

Importante: Señale el extremo superior y el inferior de cada trozo. Para ello basta con hacer el corte recto en un extremo y oblicuo en el otro. ¡Las raíces solamente crecerán si se las planta en la posición correcta!

➤ Entierre por completo los esquejes verticalmente en macetas llenas hasta arriba de

tierra especial para la reproducción.

➤ Cubra con más tierra y riegue. **Cuidado:** un exceso de agua puede hacer que las raíces se pudran.

➤ Durante el invierno, coloque las macetas en un lugar bien iluminado y protegido de las heladas; riéguelas periódicamente; en primavera, trasplante las plantitas al arriate.

Esquejes

El mejor momento para obtener esquejes de las matas es cuando los tallos ya están maduros pero todavía no han florecido.

➤ Empleando una tijera bien afilada, corte de la planta madre un par de tallos sanos de 5-10 cm de longitud.

➤ Elimine las hojas marchitas y posibles yemas que le puedan restar energías.

➤ Corte el esqueje justo por debajo de un par de hojas; elimine los dos pares de hojas de encima. Recorte las hojas grandes de la punta.

➤ Unte el esqueje con polvos para ayudar a que arraigue (de venta en los comercios especializados) y plántelos en

1 División de matas

Extraiga la planta del suelo y córtela a trozos con una laya. Vuelva a plantarlas.

2 Obtención de esquejes

Corte de la planta madre un tallo de 5-10 cm y plántelo en tierra. Para que arraigue necesita una humedad muy elevada.

3 Esquejes de raíz

Se elige una raíz del grosor de un lápiz y se cortan trozos de 5-7 cm que luego se plantan verticalmente en tierra. Hay que cuidar de que su extremo superior quede hacia arriba. ¡Pronto empezará a aparecer el primer verde!

macetas con tierra especial para siembra.

➤ Riéguelos y cúbralos con una cubierta de plástico. Humedezca los esquejes periódicamente con un pulverizador. ¡Para poder arraigar necesitan mucha humedad!

➤ Cuando hayan empezado a aparecer raíces, retire la cubierta y deje que las plantitas empiecen a aclimatarse a las condiciones del jardín. También puede mantenerlas un tiempo en la repisa (interior) de la ventana antes de colocarlas en su emplazamiento definitivo.

Reproducción a partir de semillas

Las matas también se pueden sembrar, algunas incluso lo hacen por sí mismas (ver tablas a partir de la página 50). Pero así es posible que se pierdan algunas de las características propias de la planta madre. Además, el tiempo de desarrollo de las plantas hijas es notablemente más largo. Por otra parte, las flores de verano solamente se pueden obtener por siembra.

➤ Las plantas **anuales** se pueden plantar en el exterior a partir de finales de primavera, pero mucha gente prefiere mantenerlas en la repisa de la ventana para que florezcan antes.

➤ Siembre las semillas en macetas o semilleros con tierra para la siembra y siguiendo las instrucciones que las acompañan.

➤ Humedézcalas con un pulverizador de agua para que no floten y se pierdan.

➤ Cuando aparezcan las primeras hojitas, colóquelas en un lugar bien iluminado y vaya aclimatándolas progresivamente al exterior.

➤ Las plantas **bianuales** se plantan a finales de verano directamente en el jardín. ∎

Plantas leñosas y flores de bulbo

¿Reproducir los árboles y arbustos? A lo mejor le parece un poco sorprendente, pero es un trabajo agradable y nada difícil.

Los esquejes le resultarán muy útiles para reproducir ese bonito arbusto del que no sabe el nombre de la variedad. Además, así también ahorrará bastante dinero (vea el recuadro de esta página). Sin embargo, hasta que los arbustos alcancen un buen tamaño deberán pasar un par de años.

> *En las dalias solamente hay que cortar los tubérculos hijos que ya estén empezando a brotar.*

Esquejes de plantas leñosas

Este tipo de multiplicación funciona con casi todas las plantas leñosas. Los esquejes se cortan a finales de otoño.

➤ Corte un vástago lignificado del grosor de un lápiz y de unos 20 cm de longitud. Efectúe el corte directamente por encima o por debajo de un nudo.

➤ Señale la parte superior y la inferior con un corte transversal y un corte oblicuo.

➤ Plante los esquejes en posición vertical, con la parte superior hacia arriba, en macetas llenas de arena húmeda. Déjelas en un lugar fresco y húmedo durante todo el invierno.

Esquejes de vástagos

Los esquejes de algunos árboles de hoja caduca, como por ejemplo el sauce, producen raíces en cuanto entran en contacto con la tierra o el agua. Otros, como el boj (ver recuadro), necesitan más tiempo y dedicación.

➤ Antes o después de la floración, corte un vástago de unos 10 cm de longitud.

➤ Elimine las hojas inferiores, plántelo en una maceta con tierra para siembra, riéguelo bien y cúbralo con una cubierta de plástico.

➤ El calor y la elevada humedad (cubierta de plástico) estimulan la formación de raíces.

➤ En primavera ya se podrán trasplantar los esquejes al jardín.

➤ *Los esquejes se conservan durante el invierno enterrados en arena húmeda.*

Propágulos

Los arbustos con vástagos flexibles, como por ejemplo los rododendros, se pueden multiplicar mediante propágulos. La mejor época para hacerlo es entre principio y finales de primavera.

➤ Doble cuidadosamente un vástago de la planta madre hasta hacerlo llegar al suelo.

➤ Haga unos pequeños cortes con un cuchillo en la parte inferior de la zona de curvatura e introduzca una piedrecita para evitar que se cierre. Ahí es donde aparecerán las raíces.

➤ Cave ligeramente en el lugar en que el vástago toca el suelo, introúzcalo en ella y sujételo con varillas de alambre.

➤ Cúbralo con compost y riéguelo bien. Cuando el vástago siga creciendo será señal de que ya ha arraigado y se lo puede separar de la planta madre.

Cultivar a partir de semillas

Sembrar árboles y arbustos es un trabajo muy lento, y con muchas variedades resulta imposible. Sin embargo, vale la pena hacerlo con las plantas de bulbo. Para obtener semillas es necesario no cortar los tallos florales. Cuando recoja las semillas, guárdelas en un lugar oscuro y seco. Las plantas que florecen en verano hay que sembrarlas en primavera, mientras que las que florecen en primavera hay que sembrarlas en verano.

➤ Siembre las semillas en macetas con tierra para siembra. Cúbralas con un poco de tierra de jardín y riéguelas.

➤ Cubra las macetas con un vidrio o una lámina de plástico y colóquelas en un lugar caliente.

➤ Cuando empiecen a aparecer las primeras hojas ya podrá trasplantarlas.

Rizomas y bulbos

Las plantas de rizoma y bulbo (ver tabla de la página 55) es más fácil reproducirlas a partir de los rizomas y bulbos hijos que constantemente produce la planta a partir de sus órganos de reserva.

➤ Corte las flores de las plantas elegidas antes de que se abran.

➤ Arranque los bulbos después de que las plantas hayan perdido las hojas y corte los bulbos hijos.

➤ En otoño, plante los bulbos en un arriate especialmente acondicionado con un suelo muy permeable.

➤ Para evitar que el joven bulbo se debilite, corte las flores que aparezcan al año siguiente. ■

Podar correctamente

Existen muchos motivos por los que conviene pasar regularmente la tijera por los arbustos, matas y plantas de bulbo.

Mediante la poda es posible rejuvenecer los arbustos, aclararlos, darles forma e inducirlos a florecer con más abundancia. Si se podan bien las matas, se puede conseguir que florezcan una segunda vez o que lo hagan más tarde y de forma más intensa. Además, la poda evita que las flores lleguen a producir semillas, con lo que se le ahorra a la planta un importante consumo energético. Sin embargo, esto implica también que el que quiera o necesite obtener semillas deberá dejar la tijera de lado.

Setos y formas

A los arbustos tales como el boj, el tejo y el agracejo es fácil darles forma mediante la poda. Sea para crear esferas, conos o figuras de fantasía –su increíble capacidad de regeneración hace que todo sea posible–. Lo mejor es realizar la poda a finales de verano. Si las plantas todavía son jóvenes puede hacerse antes. Un buen consejo para que nada le salga mal: pode las plantas en la primera semana de verano. Lo que brote después se mantendrá tierno y conservará la forma.

Rosales para el arriate

En los rosales es recomendable efectuar la poda a partir de principio de primavera. Importante: realice los cortes siempre un poco oblicuos. Así escurrirá mejor el agua de lluvia y la superficie de corte seguirá sin ser demasiado grande.

➤ Elimine los vástagos marrones, enfermos o muertos, o córtelos hasta llegar a una zona sana.

➤ Los vástagos sanos se cortan oblicuamente unos 5 mm

1 Poda de primavera

Durante el invierno, los tallos viejos protegen a la mata. En primavera hay que cortarlos cuidadosamente dejando sólo los brotes nuevos.

2 Para la segunda floración

Las matas que vuelven a brotar florecen por segunda vez. Para ello es necesario recortarlas un palmo después de la floración.

3 Poda de retraso

Las matas de otoño se pueden podar a principios de verano en un tercio. Así se consigue retrasar su floración y que ésta sea más abundante. La planta también ganará fuerza.

> *Para podar un seto de boj podemos ayudarnos con tablones.*

por encima de una yema que esté orientada hacia fuera.

➤ Los **rosales de arriate, los injertados y los arborescentes** se podan hasta unos 20-40 cm, los rosales enanos de 10 a 15 cm.

➤ En los **rosales arbustivos** que florecen **una sola vez** al año y en la mayoría de los **rosales viejos,** solamente hay que cortar los vástagos enfermos o muertos.

➤ En los **rosales ingleses** y los **arbustivos que florecen varias veces al año,** después de la primera floración hay que cortar los vástagos hasta la siguiente yema con un par de hojas bien desarrollado.

➤ Las variedades **colgantes** basta con aligerarlas un poco ya que florecen en vástagos de varios años.

➤ A las variedades que deban producir **escaramujos** no habrá que cortarles las flores.

➤ Los rosales suelen estar injertados sobre robustos rosales silvestres. Si éstos llegasen a brotar (se reconocen por sus hojas pequeñas y de color verde claro) habría que eliminar inmediatamente esos vástagos cortándolos por su base.

Plantas vivaces y flores de bulbo

Casi todas las plantas vivaces necesitan ser podadas. Los tallos viejos y marrones tienen que dar paso a los jóvenes. Al cortar las primeras flores se favorece una segunda floración (ver foto 2 de la izquierda).

Para ello existen un gran número de consejos y sugerencias adecuadas a cada caso. A muchas matas tapizantes conviene someterlas a una poda drástica después de la floración.

➤ Las plantas de bulbo resistentes al frío que florecen en primavera y en verano tienen algo en común: después de florecer se marchitan sus hojas. A pesar de su feo aspecto, no las corte hasta que se vuelvan marrones. Las hojas contienen nutrientes muy importantes que al marchi-

tarse vuelven a fluir hacia el bulbo o el rizoma.

➤ Los tallos florales sí que hay que cortarlos inmediatamente ya que la producción de semillas debilitaría inutilmente los bulbos.

➤ Puede hacer una excepción con el ajo ornamental: sus tallos con semillas son muy decorativos. ■

Poda de plantas leñosas ornamentales

El momento adecuado para la poda dependerá de la época en que florezca la planta. Tenga en cuenta lo siguiente:

✗ **Las que florecen en primavera,** como la forsythia o el grosellero ornamental, hay que aclararlas inmediatamente después de la floración.

✗ **Los arbustos que florecen en verano,** como la veigelia y la kolkvitzia, se han de aclarar en primavera.

✗ **Los que florecen en verano** y solamente lo hacen en los tallos del año, como el árbol de las mariposas y los cariopteris, hay que podarlos en principio de primavera cortando solamente unos pocos nudos para que florezcan en el mismo año.

Cuidados imprescindibles

Las plantas de jardín son seres vivos. A pesar de que si están colocadas en el lugar adecuado casi se desarrollan por sí solas, también necesitan que las cuidemos un poco.

Para que las plantas empiecen a crecer sanas y fuertes desde el primer momento es necesario proporcionarles un suelo bien preparado.

> *En las tiendas especializadas se pueden adquirir tutores especiales como éste para matas.*

Y para que se mantenga así hace falta trabajarlo un poco periódicamente:

➤ Ablande la capa superficial de tierra (ver página 26). Así evitará que el suelo se seque.

➤ Elimine regularmente las malas hierbas, ya que compiten con nuestras plantas por el agua y los nutrientes.

Cómo regar correctamente

En principio, un jardín bien establecido no necesita ser regado con demasiada frecuencia. El riego incluso podría perjudicar mucho a las flores de verano. Sin embargo, en las épocas secas o muy calurosas incluso las plantas más robustas agradecerán que se les proporcione agua:

➤ Riegue a primera hora de la mañana o por la tarde. A mediodía se evaporaría la mayor parte del agua.

➤ Para que el riego sea realmente eficaz hay que dirigir el chorro de la manguera o de la regadera a la base de la planta y nunca sobre las hojas.

Apoyos para las matas

Muchas matas altas se doblan

> *En invierno hay que cubrir las matas delicadas con ramas de coníferas.*

fácilmente bajo la fuerza del viento o de la lluvia. Si se ha realizado una buena planificación, las plantas se darán apoyo mutuo. Pero a veces tenemos que proporcionarles un poco de ayuda.

➤ Coloque el tutor lo antes posible para que los vástagos crezcan rectos desde el primer momento y luego no se doblen.

➤ En el comercio se encuentran tutores de hierro galvanizado que cada uno puede adaptar a sus necesidades.

➤ Más económico: tutores de confección casera a base

> *Para mantener bien el arriate es necesario mullir el suelo regularmente y eliminar las malas hierbas.*

de mimbre o de ramas de avellano.

Cómo abonar correctamente

Las plantas necesitan que les proporcionemos nutrientes periódicamente. Las únicas excepciones son aquellas que están adaptadas a vivir en suelos muy pobres. A éstas las perjudicaríamos al abonarlas.

➤ **Los fertilizantes orgánicos** –como por ejemplo el compost y el estiércol– se deshacen muy lentamente. Así la planta dispone de nutrientes durante más tiempo y es casi imposible excederse con la cantidad.

➤ **Los preparados minerales** son asimilables de inmediato ya que se disuelven con gran rapidez. Pero esto puede conducir fácilmente a una sobredosificación.

➤ El momento en que los fertilizantes son más necesarios es entre los meses de mediados de primavera y principios de verano. Si se administran más tarde, y especialmente los ricos en nitrógeno, impiden que las plantas puedan madurar y se preparen para las heladas del invierno.

Protección invernal

Elija para su jardín plantas que sean robustas y fáciles de cuidar. También es importante que sean resistentes al frío. Aparte de las especies exóticas que no toleran el frío, existe una gran variedad de plantas muy conocidas y apreciadas que necesitan una protección invernal (según la región y en función del microclima de cada lugar):

➤ **Arboles y arbustos** como las magnolias, los rosales, algunas hortensias y las lilas necesitan un lugar bastante protegido. No toleran un frío extremo.

➤ **Las matas delicadas,** como las anémonas de otoño, muchas euforbias, y muchas variedades de geranios vivaces, es mejor cubrirlas en invierno con ramas de coníferas, en las zonas frías.

➤ **Algunas plantas de rizoma,** como las dalias, es mejor desenterrarlas en otoño y conservarlas durante el invierno en un lugar protegido de las heladas para volver a plantarlas en el exterior a partir del mes de finales de primavera. ∎

Proteger las plantas desde el primer momento

Siempre es preferible prevenir que curar. Y también en los jardines ornamentales es mejor evitar el empleo de sustancias tóxicas para proteger a las plantas.

El primer y más importante paso que hemos de dar para

> *El acónito es una planta robusta y muy tóxica, pero los caracoles se lo comen.*

cuidar a nuestras plantas es ubicarlas en el lugar adecuado. Si una planta no se desarrolla correctamente suele deberse a que falla algún elemento –el suelo es demasiado seco o demasiado húmedo, demasiado

rico en nutrientes o demasiado pobre–.

Otra posibilidad consiste en buscar alternativas: en vez de emplear *Aster novi-belgii*, muy sensible al oídio, se puede optar por la más resistente *Aster novae-angliae*. En el caso del flox, existen variedades muy robustas tales como por ejemplo la «Bright Eyes» y la «Ele». Actualmente también podemos encontrar variedades de funkias muy resistentes y que no se las comen los caracoles.

Hay que ser tolerante

Incluso si alguna vez vemos que por las plantas se pasean un par de pulgones más de la cuenta, en los jardines ornamentales se puede tolerar un cierto margen de parásitos y enfermedades. Tarde o temprano volverá a restablecerse el equilibrio natural. De todos modos, siempre es mejor combatir las causas en vez de los síntomas (ver ubicación y elección de las plantas, páginas 18 y 20) e intentar lograr soluciones biológicas. Los siguientes animales son unas de

las mejores ayudas con las que usted puede contar para cuidar de su jardín:

➤ Los erizos comen caracoles, orugas y otros seres dañinos. Puede atraerlos hacia su jardín colocando algún montón de ramas o de hojarasca en el que puedan ocultarse.

➤ Las musarañas también co-

Para ahorrar

>>rápido y fácil

Así puede fortalecer sus plantas

Muchas malas hierbas se pueden aprovechar para realizar infusiones que sirven para combatir a algunos parásitos:

➤ Ortigas contra pulgones

➤ Tenaceto contra ácaros e insectos chupadores

➤ Equiseto menor contra varias enfermedades producidas por hongos

men caracoles e insectos. Al contrario que los ratones, no cavan galerías ni estropean las plantas.

➤ Los pájaros no sólo comen insectos y sus larvas, sino que muchos consumen también las semillas de las malas hierbas. Si coloca nidos los atraerá a su jardín.

➤ Los reptiles tales como las lagartijas y los luciones también se alimentan de babosas e insectos.

➤ Las arañas y las larvas de las mariquitas también realizan una importante labor contra los insectos dañinos.

Plantas útiles

Algunas plantas constituyen una gran ayuda contra las enfermedades o ayudan a reforzar las defensas:

➤ Las raíces de las tagetes y las caléndulas impiden el exceso de nemátodos. Son más efectivas como prevención antes de plantar el arriate.

➤ La corona imperial y las euforbias alejan a las arvícolas y otros pequeños roedores.

➤ La capuchina atrae a los pulgones y por lo tanto evita que vayan a otras plantas. Su olor también aleja a otros insectos.

➤ El tanaceto (*Tanacetum vulgare)* aleja a las hormigas.

> Las vallas anticaracoles más efectivas son las que están curvadas hacia abajo y tienen el canto aserrado.

Plagas de caracoles

La peor y más desesperante de las plagas es la de caracoles y babosas. Algunas ayudas para combatirlos:

➤ Las vallas anticaracoles de plástico, metal o madera solamente son eficaces si tienen el canto superior doblado hacia abajo.

➤ Esparcir cenizas de madera, virutas, gravilla o arena alrededor de las plantas amenazadas. Así se consigue que esos animales pierdan la humedad que necesitan para vivir.

➤ Eliminar los huevos de estos animales (pequeños, esféricos y blancos) destruyéndolos con agua hirviendo o dejándolos expuestos a las heladas.

➤ Colocar platitos con cerveza alrededor de los arriates. El olor atrae a los caracoles y el alcohol acaba con ellos.

➤ Colocar restos de comida como cebo bajo escondrijos tales como macetas o tejas. Los caracoles y babosas acudirán masivamente y luego serán fáciles de eliminar. ■

RECUERDE

Matas que no les gustan a los caracoles

✔ Aguileña

✔ Astilbe

✔ *Helleborus*

✔ Peonía

✔ Flox

✔ *Gypsophyla*

✔ *Helenium*

✔ *Centranthus*

Descripción de especies

Matas

¡Ningún otro grupo de plantas es tan variado como el de la matas! Las plantas vivaces suelen desaparecer en invierno y vuelven a brotar en primavera. Las épocas de floración de las distintas especies pueden abarcar casi durante todo el año, pero su momento álgido se sitúa entre principios de verano y principios de otoño. Entonces es cuando la mayoría de ellas se engalanan con largas espigas, hermosos racimos o densas umbelas. Por lo tanto, se pueden complementar estupendamente con las plantas de bulbo que florecen en primavera (ver página 46). A finales de temporada llama la atención el colorido de sus hojas y el atractivo de sus tallos con semillas. Las matas tienen distintos ciclos vitales, por lo que no siempre es fácil combinarlas en un arriate. Muchas matas de primavera y de principios de verano se marchitan inmediatamente después de florecer, es decir, a media temporada. Si lo planifica bien, podrá cubrir esos huecos con matas que florezcan más tarde o con flores de verano.

Aster, septiembres
Distintas especies y variedades de *Aster*

Altura: 20–120 cm
Floración: De finales de primavera a mediados de otoño
Mata con muchas aplicaciones

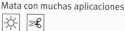

➤ **floración prolongada** ✿

Características: Toda la gama de colores (flores amarillas en *A. linosyris*), flores grandes o pequeñas; matas generalmente erectas pero que a veces se extienden a lo ancho; florecen desde primavera hasta otoño, las últimas incluso ya con su forma invernal (como *A. ericoides*).
Ubicación: Les suelen gustar los suelos calcáreos (*A. amelus*).
Cuidados: Las que florecen en otoño no hay que podarlas hasta la primavera.
Aplicaciones: Para jardines rocallosos (*A. alpinus*), arriates (*A. novae-angliae*), cerca de los árboles (*A. divaricatus*).

Peonía
Paeonia lactiflora

Altura: 70–100 cm
Floración: Mediados de verano
Mata para arriates

➤ **floración espectacular** ✿

Características: Grandes flores esféricas con tonalidades de blanco, rosa y rojo; sencillas, plenas o semiplenas; semillas ornamentales; matas densas: en otoño las hojas se tiñen de rojo.
Ubicación: Para cualquier buen suelo de jardín situado en lugar abierto.
Cuidados: Las plantas a veces necesitan tutores debido al peso de sus flores; cortar los tallos florales hasta el siguiente par de hojas (pero entonces no se obtienen semillas), acabar de cortarlos por completo en primavera.
Aplicaciones: Planta aislada y centro de atención; combina bien con el azul.

✿ fácil de cuidar   ☼ sol   ◑ semisombra   ● sombra

Espuela de caballero
Especies y variedades de *Delphinium*

Altura: 90–200 cm
Floración: De principios de verano a principios de otoño
Mata para arriates

➤ **segunda floración en otoño**

Características: Flores en todas las tonalidades de azul, blanco y rosa reunidas en largas espigas; matas erectas y generalmente resistentes con hojas grandes.
Ubicación: Necesita suelos cálidos, permeables y ricos en nutrientes.
Cuidados: Después de la primera floración cortar a un palmo sobre el suelo para favorecer la segunda que tendrá lugar a principios de otoño; a veces los tallos pueden necesitar tutores.
Aplicaciones: Planta aislada o como centro de atención. Combina muy bien con los rosales.

Rudbequia
Rudbeckia fulgida

Altura: 70–80 cm
Floración: De finales de verano a mediados de otoño
Mata para arriates

➤ **preciosa flor de otoño** ✿

Características: Flores de color amarillo dorado con el centro marrón oscuro; tallos muy rectos; los tallos florales conservan su atractivo durante el invierno.
Ubicación: Suelos ricos en nutrientes y no muy secos.
Cuidados: Planta robusta y fácil de cuidar; podar en primavera casi a ras de suelo.
Aplicaciones: Solitaria o en pequeños grupos; combina bien con flores otoñales amarillas (*Helenium, Solidago*) o azules (*Aster*) así como con algunas gramíneas ornamentales (*Panicum*).

Azucena de un día
Híbridos de *Hemerocallis*

Altura: 30–90 cm
Floración: De principios de verano a mediados de otoño
Planta vivaz para arriates

➤ **hojas atractivas** ✿

Características: Flores en forma de embudo de todos los colores excepto azul; también bicolores; flores grandes o pequeñas; hojas de aspecto herbáceo; matas muy densas.
Ubicación: Durante la época de la floración necesita algo más de humedad, por lo demás resiste bien la sequía.
Cuidados: Eliminar los tallos que ya hayan florecido; podar la mata en primavera.
Aplicaciones: Las variedades grandes van bien como plantas solitarias; las hojas de las plantas colocadas en pequeños grupos proporcionan estructura y hermosos contrastes al conjunto; dan al arriate un aspecto un poco salvaje.

Flores de verano

Las flores de verano son ideales para aquellos que disfruten experimentando con la jardinería, ya que al vivir solamente uno o dos años permiten probar cada año algo nuevo. Según lo pronto que se siembren pueden florecer ya en finales de primavera o principios de verano y se conservan bien hasta el otoño. Pero esto también significa que los arriates dedicados solamente a flores de verano se quedarán vacíos durante el resto del año. Sin embargo, combinadas con matas, arbustos y flores de bulbo se puede mantener el atractivo del arriate durante todo el año. Muchas veces se recurre a las plantas anuales para rellenar huecos en los arriates mixtos, ya que su increíble variedad de formas y colores permite encontrar opciones para todos los gustos. La mayoría de las flores de verano grandes son también buenas flores de corte. No tenga miedo a cortar las flores: ¡así estimulará a la planta a producir más!

Clavel de poeta
Dianthus barbatus

Altura: 30–50 cm
Floración: De principios a mediados de verano
Planta bianual para arriates

☼ ✄

➤ **también anual, de temporada** ✿

Características: Pequeñas flores individuales agrupadas en umbrela; tonalidades de blanco, rosa, rojo y púrpura muy suaves o intensas; simples o plenas; crecimiento erecto y arbustivo.
Ubicación: Para suelos frescos y ricos en nutrientes.
Cuidados: Para cultivos anuales se puede sembrar en finales de primavera directamente en el arriate; para cultivos bianuales se siembra a finales de verano; en las regiones frías hay que cubrir las plantas en invierno.
Aplicaciones: Para arriates mixtos o dedicados a las flores de verano; para jardines rústicos.

Boca de dragón
Antirrhinum majus

Altura: 15–100 cm
Floración: De finales de primavera a mediados de otoño
Planta anual para arriates

☼ ◑ ✄

➤ **flores de forma muy atractiva** ✿

Características: Flores individuales agrupadas en densas espigas; de todos los colores excepto azul, también bicolor; matas densas.
Ubicación: Suelo normal de jardín, bastante rico en nutrientes.
Cuidados: Cultivo lento, por lo que es mejor comprar plantas pequeñas; cortar las puntas estimula la ramificación; si poda después de la primera floración se induce una segunda.
Aplicaciones: Arriates para flores de verano y arriates mixtos, jardines rústicos.

✿ fácil de cuidar   ☼ sol   ◑ semisombra   ● sombra

Caléndula
Calendula officinalis

Altura: 25–70 cm
Floración: De principios de verano a mediados de otoño
Planta anual para arriates

➤ **flores comestibles** ✿

Características: Flores de color naranja y amarillo luminoso; variedades simples, plenas y semiplenas; crecimiento denso; hojas con pelos, aroma característico.
Ubicación: Suelos normales, permeables y ricos en nutrientes.
Cuidados: Se puede plantar directamente en los arriates a partir de principio de primavera, preferiblemente en siembras sucesivas para prolongar la floración; cortar las flores para estimular una floración más abundante.
Aplicaciones: Para arriates mixtos o de flores de verano, jardines rústico, huertos.

Cosmos
Cosmos bipinnatus

Altura: 60–120 cm
Floración: De principios de verano a mediados de otoño
Planta anual para arriates

➤ **flores comestibles** ✿

Características: Flores rosas, rojas, blancas o naranjas con el centro amarillo; hojas aciculares; forma matas erectas.
Ubicación: Suelos normales, ricos en nutrientes.
Cuidados: Se puede efectuar un precultivo al empezar la primavera para conseguir una floración más temprana; a partir de finales de primavera se puede plantar directamente en el jardín; cortar periódicamente las flores; las variedades grandes pueden necesitar tutores.
Aplicaciones: Arriates mixtos o para flores de verano; jardines rústicos.

Zinnia, rosa mística
Zinnia elegans

Altura: 30–90 cm
Floración: De principios de verano a mediados de otoño
Planta anual para arriates

➤ **gran diversidad de colores** ✿

Características: Flores grandes o pequeñas de todos los colores excepto el azul; simples, semiplenas o plenas; crecimiento vertical, en parte arbustivo.
Ubicación: Suelos normales, cálidos.
Cuidados: Precultivo de principio a mediados de primavera; a finales de primavera se puede plantar o sembrar al aire libre; si se cortan periódicamente las flores se estimula una segunda floración.
Aplicaciones: Arriates mixtos o para flores de verano, jardines rústicos; ¡emplear siempre en grandes grupos!

Plantas de bulbo y de rizoma

Las plantas de bulbo y de rizoma inician la temporada de las flores en invierno. Y en otoño le ponen el punto final. Generalmente son plantas de tamaño modesto, como los crocus de otoño, y que necesitan estar en un lugar bien visible. Por otra parte las que florecen a principios de verano, como el puerro ornamental, los lirios o las dalias, son unos de los elementos más atractivos del arriate.

Las plantas de este grupo tienen en común sus órganos subterráneos de reserva. Puede tratarse de bulbos (como en el tulipán), de tubérculos (como los crocus), o de rizomas (como las azucenas). Las partes aéreas de la planta suelen desaparecer poco después de la floración. Para evitar que queden huecos en el arriate, o para ocultar sus hojas cuando se van marchitando, plántelas en el plano posterior o medio entre las matas.

Dalia
Híbridos de *Dhalia*

Altura: 20–140 cm
Floración: De principios de verano a mediados de otoño
Planta de tubérculo

➤ **hermosas flores de otoño** ✿

Características: Flores simples, plenas o semiplenas con forma de cactus, anémonas, esferas, pompón u orquídea; todos los colores excepto el azul; plantas densas y rectas.
Ubicación: Suelos ricos en nutrientes; lugar con mucha luz.
Cuidados: Plantar a mediados de mayo; invernar a partir de mediados de otoño; cortar las flores periódicamente; a veces pueden necesitar tutores.
Aplicaciones: Luce mejor en arriates con flores de verano y matas.

Lirio, azucena
Especies y variedades de *Lilium*

Altura: 80–150 cm
Floración: De finales de primavera a principios de otoño
Planta de bulbo

➤ **Planta de aroma agradable**

Características: Flores generalmente grandes, de color blanco, amarillo, rojo o rosa, con forma de trompeta y situadas en tallos verticales; existen variedades de *Lilium martagon* de color rosa, lavanda y rojo oscuro.
Ubicación: Suelos bien permeables, húmedos y ricos en humus.
Cuidados: Cubrir durante su primer invierno; algunas especies (como por ejemplo *L. auratum*) necesitan protección invernal; abonar con frecuencia; puede necesitar tutores.
Aplicaciones: Para arriates soleados (por ejemplo *L. candidum* e híbridos de *Lilium*) o zonas ligeramente sombreadas cerca de árboles y arbustos (por ejemplo *L. martagon*).

✿ fácil de cuidar   ☀ sol   semisombra   ● sombra

Narciso
Híbridos de *Narcissus*

Altura: 40–60 cm
Floración: De finales de invierno a finales de primavera
Planta de bulbo

➤ **también florece
a la sombra** ✿

Características: Flores amarillas, blancas o anaranjadas con forma aplanada o de trompeta, también bicolores: algunas especies son aromáticas.
Ubicación: Prefiere el sol, pero también florece a la sombra; necesita suelos mullidos y ricos en humus.
Cuidados: Plantar en otoño; completamente resistente al frío; en verano, después de que se marchiten las flores, hay que extraer los bulbos del suelo y guardarlos en un lugar seco y bien ventilado. En otoño se dividen y se vuelven a plantar.
Aplicaciones: Para combinar con matas; en jardines rocallosos, alrededor de árboles y arbustos (especies silvestres).

Tulipán
Híbridos de *Tulipa*

Altura: 15–70 cm
Floración: De principio a finales de primavera
Planta de bulbo

➤ **planta clásica y multicolor** ✿

Características: Flores sencillas, plenas, onduladas o lisas en todos los colores menos el azul, parcialmente multicolores.
Ubicación: Los tulipanes silvestres también viven bien en semisombra; el suelo ha de ser rico en humus, permeable y ligeramente arenoso.
Cuidados: Plantar en otoño; suelen resistir bien el frío; cortar los tallos que hayan dado flor; desenterrar el bulbo cada tres años y dividirlo.
Aplicaciones: Combina bien con otras plantas de bulbo y con las matas (especies altas); apto para jardines rocallosos y alrededor de los árboles y arbustos (tulipanes silvestres).

Ajo ornamental
Híbridos y variedades de *Allium*

Altura: 20–150 cm
Floración: De principio de primavera a finales de verano
Planta de bulbo

➤ **tallos con semillas
ornamentales** ✿

Características: Flores pequeñas agrupadas en umbrelas, espigas o inflorescencias esféricas de tonos blancos, amarillos, azules, rosas, rojos o lilas; las hojas suelen marchitarse después de la floración, excepción: *A. karataviense*.
Ubicación: Lugar seco, solamente *A. molly* prospera bien en los suelos secos.
Cuidados: Plantar a mediados de otoño, las especies con inflorescencias esféricas pueden conservarse como decoración invernal.
Aplicaciones: En los arriates de matas (por ejemplo los *Allium* híbridos), en jardines rocallosos, o alrededor de árboles y arbustos por ejemplo el ajo de oso (*A. ursinum*).

🔲 tóxica   🔲 planta aromática   🔲 sensible al frío   ❄ resistente al frío   🔲 flor de corte

Arbustos

Los arbustos contribuyen a estructurar los arriates mixtos. Tanto las especies grandes y anchas como las arborescentes sirven para crear zonas de sombra en el jardín en las que se pueden colocar otras plantas compatibles. En los arriates soleados y con matas, solamente se pueden plantar especies pequeñas, de crecimiento lento y a las que se pueda dar forma mediante la poda. Si se podan en forma esférica, cónica o de fantasía constituirán un foco de atención durante todo el año y destacarán mucho en invierno. La misma función cumplen los setos podados formalmente. El boj es la planta ideal para ambas aplicaciones.

Sin embargo el rey de los arbustos con flores es el rosal. La mayoría de los rosales silvestres y los arbustivos suelen ser demasiado grandes para un arriate mixto. Todas las demás variedades destacan por sus inconfundibles flores y su magnífico aroma.

Cariopteris
Caryopteris × clandonensis

Altura: 100–150 cm
Floración: De finales de verano a principios de otoño
Arbusto de verano

➤ **hojas aromáticas**

Características: Flores de color azul oscuro; hojas y corteza de color verde grisáceo; hojas aromáticas; arbusto amplio y poco denso.
Ubicación: Necesita un lugar protegido ya que es sensible a las heladas; necesita suelos de ligeramente ácidos a alcalinos; tolera la cal.
Cuidados: Florece en los tallos del año, por lo que conviene efectuar una poda severa en primavera.
Aplicaciones: Sólo o en pequeños grupos con rosales o boj; combina bien con matas de flores blancas o amarillas y con flores de verano.

Agracejo
Berberis thunbergii

Altura: 40–300 cm
Floración: A finales de primavera
Arbusto de verano

➤ **hermosa coloración otoñal** ✿

Características: Flores amarillas a rojas, la variedad «Atropurpurea» tiene las hojas de color marrón rojizo; en otoño produce frutos de color rosa o rojo (excepto la variedad «Atropurpurea nana») y sus hojas adquieren un color rojo luminoso; arbusto denso; las variedades grandes tienen vástagos colgantes.
Ubicación: Suelos desde ácidos a ligeramente alcalinos; preferiblemente frescos.
Cuidados: Poda de aligeramiento a principios de primavera; hay que darle forma en verano.
Aplicaciones: Natural o para darle forma con la poda, adecuado para pequeños setos.

✿ fácil de cuidar ☀ sol ☀ semisombra sombra

Boj
Variedades de *Buxus sempervirens*

Altura: 20–300 cm
Floración: De mediados a finales de primavera
Arbusto perenne

➤ **soporta muy bien la poda** ✿

Características: Flores pequeñas y aromáticas de color verde amarillento (¡no si se lo poda para darle forma!); hoja perenne de color azul verdoso o amarillo, variedades grandes y pequeñas (como por ejemplo «Suffruticosa»).
Ubicación: En general poco exigente, pero prefiere los suelos cálidos, secos y calcáreos.
Cuidados: Si se poda para darle forma a finales de principios de verano o en finales de verano, la planta se conserva densa y compacta.
Aplicaciones: Se pueden formar setos o podarlo para darle forma esférica, cónica, etc.; crea un bonito contraste con las matas más vivaces.

Deutzia
Especies del genero Deutzia

Altura: 100–400 cm
Floración: De finales de primavera a principios de verano
Arbusto verde en verano

➤ **floración muy abundante** ✿

Características: Flores blancas o de color rosa carmín agrupadas en espigas; hojas verdes durante el verano que en otoño se pueden volver amarillas («Boule de Neige») o de color amarillo rojizo *(D. x kalmiiflora)*; suele tener vástagos curvados y colgantes.
Ubicación: *D. x magnifica* necesita lugares con buena luz pero no a pleno sol; suelos ricos en nutrientes y preferiblemente húmedos, por lo demás es poco exigente.
Cuidados: Poda de aligeramiento a mediados de primavera.
Aplicaciones: Planta solitaria: la graciosa *D. gracilis* también se puede colocar en pequeños grupos.

Rosal
Especies y variedades del género *Rosa*

Altura: 40–300 cm
Floración: De finales de primavera a finales de otoño
Arbusto verde en verano

➤ **Una sinfonía de colores y aromas**

Características: Flores de todos los colores excepto azul; sencillas hasta plenas; con o sin aroma; desarrollo bajo y amplio (rosales tapizantes), pequeño y erecto (rosales injertados y de arriate), arbustivo o colgante.
Ubicación: Muchos rosales silvestres crecen mal en los suelos calcáreos.
Cuidados: Distintos tipos de poda (ver página 34)
Aplicaciones: Las variedades más grandes se emplean como plantas solitarias, las pequeñas en grupos; combinan bien con matas con flores cuyas formas contrasten con la de las rosas.

Otras plantas

Matas

Nombre	Iluminación	Suelo	Floración Color de las flores	Altura Forma	Exigencias Peculiaridades
✿ Aguileña Híbridos de *Aquilegia*	☀ ◐	fresco, rico en nutrientes	fin. primavera-ppos. verano todos los colores	20–80 cm erecta	flor de corte; vida corta; autopropagación por semillas
Aciano Especies de *Centaurea*	☀	moderadamente seco, permeable	fin. primavera-med. otoño azul, blanco, rosa, amarillo	40–120 cm erecta, densa	flor de corte, puede tener hojas grises y pilosas
Acónito Especies de *Aconitum*	◑ ●	rico en nutrientes, de fresco a húmedo	ppos. verano-med. otoño azul, blanco, amarillo	90–150 cm erecta	mata de corte; las variedades de verano crecen deprisa; venenosa
✿ Alquimila *Alchemilla mollis*	☀ – ●	poco exigente	ppos. verano-fin. verano verde amarillento	hasta 40 cm densa	flor de corte; si se la poda vuelve a florecer
Altramuz Híbridos de *Lupinus*	☀ ◐	no calcáreo, profundo	fin. primavera-med. verano todos los colores	60–90 cm erecta	flor de corte; vuelve a florecer después de la poda
Amapola oriental *Papaver orientale*	☀	rico en nutrientes , mullido	fin. primavera-ppos. verano rojo, rosa, blanco	60–90 cm erecta	se marchita después de la floración; en otoño vuelve a brotar
Anémona *Anemone hupehensis*	◑	fresco, rico en nutrientes	fin. verano-ppos. invierno rosa, rojo, blanco	70–120 cm erecta	es recomendable protegerla de las heladas
Astilbe Especies de *Astilbe*	◑ ●	rico en nutrientes , húmedo	ppos. verano-ppos. otoño rojo, rosa, blanco	30–130 cm erecta	flor de corte, especies grandes y especies tapizantes
✿ Bergenia, Hortensia de invierno Híbridos de *Bergenia*	☀ – ●	poco exigente	ppos. invierno-fin. primavera rojo, rosa, blanco	20–50 cm compacta	hoja perenne; puede teñirse de rojo en otoño, puede ser aromática
Betónica, oreja de liebre Especies de *Stachys*	☀	rico en minerales	fin. primavera-ppos. otoño rosa, blanquecino	20–60 cm aplanada/erecta	tapizante, hojas grises (*S. byzantina*)
✿ Brunera, lengua de buey *Brunnera macrophylla*	☀ – ●	fresco a húmedo	med. primavera-fin. primavera azul	hasta 50 cm densa	florece en primavera, hojas atractivas en verano
✿ Campanilla Especies de *Campanula*	☀ – ●	fresco hasta algo seco	fin. primavera-fin. verano azul, blanco	10–30/40–100 cm tapizante/erecta	matas de corte y variedades tapizantes
Cardo corredor Especies de *Eryngium*	☀	permeable, rico en nutrientes	ppos. verano-ppos. otoño azul acerado	40–60 cm erecta	hojas espinosas de color gris azulado; la mata se puede dividir
Cardo yesquero Especies de *Echinops*	☀	rico en nutrientes , permeable	med. verano-ppos. otoño azul acerado	80–150 cm erecto	adecuada como flor de corte y seca

Nombre	Iluminación	Suelo	Floración / Color de las flores	Altura / Forma	Exigencias / Peculiaridades
Cestillo de plata, Carraspique — Especies de *Iberis*	☀ ◐	permeable	primavera — blanco	10–25 cm — tapizante	hoja perenne, floración abundante
Cimífuga — Especies de *Cimicifuga*	◐ ●	cuanto más soleado, más húmedo	med. verano-med. otoño — blanco crema	140–200 cm — colgante en parte	mata solitaria; adecuada para corte; algunas especies son aromáticas
Clavel — Especies de *Dianthus*	☀	fresco, limoso	fin. primavera-ppos. otoño — rojo, rosa, blanco	10–40 cm — mata densa	matas grisáceas y perennes, flores aromáticas
Corazones — Especies de *Dicentra*	◐ ●	fresco	med. primavera-med. verano — rosa, blanco	30–80 cm — densa	*D. spectablis* se marchita después de la floración
Coralito — Especies de *Heuchera*	☀ ◐	fresco	fin. primavera-fin. verano — rojo, rosa, blanco	30–60 cm — densa	mata con hojas de tonalidades rojizas, amarillas y verdes
Coreopsis — Especies de *Coreopsis*	☀	fresco, en ocasiones seco	fin. primavera-med. otoño — amarillo	20–180 cm — densa y erecta	unas especies son longevas y otras no; flor de corte
Crisantemo — *Dendranthema* × *hortorum*	☀	rico en nutrientes, permeable	fin. verano-fin. otoño — todos menos azul	50–80 cm — erecta	flor de corte, ¡no siempre tolera bien el invierno!
Doronico — *Doronicum orientale*	☀ ◐	rico en nutrientes, fresco	primavera — amarillo	40 cm — erecta	se marchita poco después de la floración; flor de corte
Eléboro — Especies de *Helleborus*	◐ ●	limoso, calcáreo	med. invierno-med. primavera — blanco, rosa, amarillo	30–60 cm — erecta	hermosa planta de floración invernal; hojas alargadas; venenosa
Epimedio — Especies de *Epimedium*	☀ ◐	fresco, mullido	med. primavera-fin. primavera — blanco, rosa, amarillo, rojo	20–35 cm — densa	atractivo duradero; puede conservar las hojas en invierno
Equinácea — *Echinacea purpurea*	☀	fresco, rico en minerales	ppos. verano-ppos. otoño — rosa, blanco	60–80 cm — erecta	dejar las flores durante el invierno; mata de corte
Erígero — *Erigeron speciosus*	☀	de moderadamente fresco a húmedo	verano — todos menos amarillo	60 cm — erecta	vuelve a florecer después de la poda; mata de corte
Escabiosa — *Scabiosa caucasica*	☀	seco, arenoso	ppos. verano-med. otoño — azul, lila, blanco	80 cm — erecta	mata de corte, floración abundante
Euforbia — Especies de *Euphorbia*	☀ – ●	de seco a húmedo	med. primavera-med. otoño — verde amarillento	15–180 cm — densa, erecta	hojas resistentes de color verde grisáceo, a veces perennes
Flox — Especies de *Phlox*	☀ ◐	fresco, rico en nutrientes	med. primavera-ppos. otoño — todos menos amarillo	10–30/70–120 cm — tapizante/erecta	variedades tapizantes y grandes; matas de corte
Geranio vivaz — Especies de *Geranium*	☀ – ●	de fresco a seco	fin. primavera-med. otoño — todos menos amarillo	15–100 cm — denso	hojas atractivas; su color se puede intensificar en otoño
Gipsófila nebulosa — Especies de *Gypsophila*	☀	permeable	ppos. verano-ppos. otoño — blanco, rosa	10–100 cm — densa	hojas de color verde grisáceo; flor de corte fresca o seca

Matas

Nombre	Iluminación	Suelo	Floración / Color de las flores	Altura / Forma	Exigencias / Peculiaridades
Girasol Especies de *Helianthus*	☀	fresco, rico en nutrientes	fin. verano-med. otoño tonos amarillos	120–180 cm erecta	bonitas flores de finales de verano y otoño
Helenio Especies de *Helenium*	☀	no demasiado seco	med. verano-ppos. otoño rojo, amarillo	80–150 cm erecta	bonita flor de finales de verano; flor de corte
✿ Hierba gatera Especies de *Nepeta*	☀	moderadamente seco, rico en nutrientes	fin. primavera-ppos. otoño azul, violeta, blanco	20–90 cm colgante/ erecta	hojas aromáticas de color verde grisáceo; floración prolongada
✿ Hosta, hermosa Especies de *Hosta*	◐ ●	fresco, rico en nutrientes	ppos. verano-ppos. otoño blanco, lila	25–100 cm densa	hojas ornamentales, blancas o amarillas; pueden ser aromáticas
Lavanda Especies de *Lavandula*	☀	mejor seco, permeable	med. verano-fin. verano azul, violeta	40–60 cm densa	hojas aromáticas, perennes y de color gris plateado
Ligularia Especies de *Ligularia*	☀ ◐	húmedo, profundo	med. verano-ppos. otoño amarillo	100–180 cm erecta	matas de hojas ornamentales
Malva *Malva moschata*	☀ ◐	moderadamente seco, rico en nutrientes	ppos. verano-ppos. otoño rosa, blanco	60–70 cm ligeramente erecta	se autopropaga por semillas, flor de corte
Margarita Especies de *Leucanthemum-/Tanacetum*	☀	fresco, pero no demasiado húmedo	fin. primavera-fin. verano blanco, rosa, rojo	25–80 cm erecta	florece en primavera y verano; flor de corte
Milenrama Especies de *Achillea*	☀	rico en nutrientes , fresco	ppos. verano-ppos. otoño amarillo, blanco, rojo	60–120 cm erecta	flores de larga duración; flor de corte
Monarda Especies de *Monarda*	◐ ●	fresco, rico en nutrientes	ppos. verano-fin. verano lila, rojo, blanco	100–140 cm erecta	flor de corte, hojas aromáticas, variedad resistente: «violeta»
Ombliguera Especies de *Omphalodes*	◐ ●	fresco, rico en humus y nutrientes	med. primavera-ppos. verano azul, blanco	15–25 cm tapizante	las hojas conservan su atractivo mucho tiempo
✿ Orégano Especies de *Origanum*	☀	fresco a seco	med. verano-ppos. otoño violeta rojizo, blanco	20–60 cm denso	hojas de color azul grisáceo o amarillo dorado; aromática
Pie de gato *Anaphalis triplinervis*	☀	moderadamente seco, limoso	med. verano-ppos. otoño blanco	25 cm compacta, densa	flor de corte, hojas grisáceas; para secar
Primavera Especies de *Primula*	◐ ●	rico en humus, no demasiado seco	ppos.primavera-fin. verano todos los colores	10–50 cm en rosetas	florecen en primavera o en verano
Pseudolysimachia *Pseudolysimachion longifolium*	☀	fresco a húmedo	ppos. verano-med. verano azul, rosa, blanco	80 cm erecta	tolera breves épocas de sequía, mata de corte
Pulmonaria Especies de *Pulmonaria*	◐ ●	fresco, limoso, rico en nutrientes	primavera blanco, azul, rojo	20–30 cm tapizante	hojas atractivas en verano

Nombre	Iluminación	Suelo	Floración Color de las flores	Altura Forma	Exigencias Peculiaridades
Salvia *Salvia nemorosa*	☀	calcáreo	fin. primavera-ppos. otoño azul, violeta	40–80 cm erecta/horizontal	aromática, vuelve a florecer después de la poda
Santolina Especies de *Santolina*	☀	mejor seco, permeable	med. verano-fin. verano amarillo	30–40 cm densa	hojas de color verde grisáceo, aromáticas; perenne; resiste la poda
✿ Sedo Especies de *Sedum*	☀	mejor seco	fin. primavera-med. otoño rojo, blanco, amarillo	5–20/ 40–60 cm	en general de hoja perenne; puede tener hojas multicolores; flor de corte
✿ Tomillo Especies de *Thymus*	☀	seco en verano	fin. primavera-ppos. otoño rosa, lila, blanco	5–25 cm densa	hojas atractivas; con manchas amarillas o grises; perenne
✿ Valeriana roja *Centranthus ruber*	☀	poco exigente; limoso	ppos. verano-ppos. otoño rojo rosado, blanco	75 cm baja	se propaga por semillas; flor de corte
✿ Vara de oro Especies de *Solidago*	☀	fresco	ppos. verano-ppos. otoño amarillo	40–120 cm erecta- arqueada	mata de corte son mas bonitas las especies silvestres
Violeta Especies de *Viola*	☀ ◐	no demasiado seco, rico en nutrientes	ppos. primavera-ppos. otoño todos los colores	10–30 cm densa	*V. cornuta* no siempre resiste bien las heladas

Arbustos

Nombre	Iluminación	Suelo	Floración Color de las flores	Altura Forma	Exigencias Peculiaridades
Bola de nieve, Mundillo Especies de *Viburnum*	☀ – ●	suelo bueno y permeable	fin. invierno-ppos. verano; med. otoño, blanco, rosa, a veces aromáticas	hasta 300 cm	venenosa; a veces perenne (*V.* × *burkwoodii, V. davidii*)
Ceanoto, Lilo de California Especies de *Ceanothus*	☀	cálidos y permeables	med. verano-med. otoño espigas azul oscuro	hasta 150 cm	en lugares muy fríos necesita protección invernal
✿ Cincoenrama *Potentilla fruticosa*	☀	poco exigente	fin. primavera-med. otoño todos menos azul	hasta 150 cm	crece más a lo ancho que a lo alto; hojas verdes en verano
✿ Espírea, Corona de novia Especies de *Spiraea*	☀ ◐	poco exigente	ppos. verano-ppos. otoño blanco, rosa, rojo	50–300 cm	verde en verano; colorido en otoño; algunas especies son aromáticas
✿ Evónimo *Euonymus alatus*	☀ ◐	necesita una buena capa superficial	fin. primavera-ppos. verano amarillento	hasta 150 cm	brillante coloración otoñal; frutos rojos
Perovsquia *Perovskia abrotanoides*	☀	necesita una buena capa superficial	fin verano-med. otoño lila	hasta 150 cm	lugares protegidos; hojas grises aterciopeladas, aromática
Rosa de Siria, Altea *Hibiscus syriacus*	☀	no demasiado seco, permeable	ppos. verano-ppos. otoño blanco, rosa, rojo, violeta azulado	hasta 300 cm	lugares protegidos; amarillea en otoño

Plantas anuales y bianuales

Nombre	Iluminación	Suelo	Floración / Color de las flores	Altura / Forma	Exigencias / Peculiaridades
Alhelí amarillo *Especies de Erysimum*	☀	suelo normal	med. primavera-ppos. verano amarillo, naranja, lila	25–75 cm densa	bienal muy aromática, puede tener las hojas oscura
Amapola de California *Eschscholzia californica*	☀	pobres, de cascajo	fin. primavera-ppos. otoño blanco, amarillo, naranja	30–40 cm denso	anual; fácil de cultivar; se propaga por semillas
Arañuela *Nigella damascena*	☀	rico en humus	ppos. verano-fin. verano azul, rosa, blanco	30–50 cm erecta	anual, se propaga por semillas, flor seca o de corte
Campanas de Irlanda *Moluccella laevis*	☀	suelo normal de jardín	med. verano-fin. verano blanco	60–100 cm erecta	flor anual de corte o seca, sépalos verdes
Centaurea, aciano *Centaurea cyanus*	☀ ◐	limo arenoso	ppos. verano-ppos. otoño azul, rosa, blanco	30–90 cm erecta	flor anual de corte, hojas grises aterciopeladas; se propaga por semillas
Coronado, reina Margarita *Callistephus chinensis*	☀ ◐	suelo normal de jardín	med. verano-ppos. otoño todos menos amarillo	20–100 cm erecta	flor anual de corte; flores simples o plenas
Digital *Digitalis purpurea*	◐ ●	suelo normal	ppos. verano-fin. verano rosa, blanco	80–120 cm erecta	bianual; perenne en lugares templados; se propaga por semillas
Girasol *Helianthus annuus*	☀	suelo normal de jardín	med. verano-med. otoño tonos amarillos y rojizos	30–300 cm erecta	planta anual de corte; flores muy grandes
Girasol mejicano *Tithonia rotundifolia*	☀	suelo normal de jardín	med. verano-med. otoño naranja	40–150 cm erecta	anual; poco exigente; fácil de cuidar, robusta
Malva real *Alcea rosea*	☀	profundo, rico en nutrientes	med. verano-ppos. otoño rojo, blanco, amarillo	120–200 cm erecta	bianual; flores simples o plenas; se propaga por semillas
Nemesia *Especies de Nemesia*	☀	suelo normal de jardín	ppos. verano-ppos. otoño todos menos azul	20–40 cm erecta	anual, *N. fruticans* tiene una floración prolongada
Nomeolvides *Myosotis sylvatica*	☀ ◐	poco exigente	med. primavera-ppos. verano azul, rosa, blanco	15–35 cm densa	bianual; se propaga abundantemente por semillas
Rudbequia *Rudbeckia hirta*	☀	suelo normal de jardín	med. verano-med. otoño amarillo a rojo	30–80 cm densa y erecta	flor anual de corte; flores simples o plenas
Salvia *Especies de Salvia*	☀	algo seco, cálido	ppos. verano-med. otoño rojo, blanco, azul	30–80 cm erecta	generalmente anuales; puede tener hojas grises aterciopeladas
Tabaco ornamental *Híbridos de Nicotiana*	☀ ◐	suelo normal, lugar calizo	ppos. verano-med. otoño blanco, amarillo, rojo	30–80 cm erecta	anual; variedades aromáticas; venenosa
Tagetes *Especies de Tagetes*	☀	poco exigente	ppos. verano-med. otoño amarillo hasta rojo	20–100 cm densa	anual; variedades grandes y pequeñas; planta de corte
Verbena *Especies de Verbena*	☀	rico en nutrientes algo pesado	med. verano-med. otoño lila, violeta	25–120 cm erecta	anual sin exigencias; variedades grandes y pequeñas

PLANTAS ANUALES Y BIANUALES, DE BULBO Y DE RIZOMA

Plantas de bulbo y de rizoma

Nombre	Iluminación	Suelo	Floración Color de las flores	Altura Forma	Exigencias Peculiaridades
Anémona *Especies de Anemone*		arenoso, calcáreo, con humus	ppos. primavera-fin. primavera todos menos naranja	10–15 cm tapizante	especies autóctonas; tóxica (*A. nemorosa*)
Camasia *Especies de Camassia*		fresco a húmedo	fin. primavera-med. verano tonos azules	40–100 cm erecta	planta perenne de bulbo; sensible a las heladas
✿ Campanilla de las nieves *Galanthus nivalis*		fresco a húmedo	fin. invierno-ppos. primavera blanco	10–20 cm flores arqueadas	planta de bulbo totalmente resistente al frío; tóxica
Ciclamen *Especies de Cyclamen*		fresco, permeable rico en humus	fin. invierno-fin. verano rosa, rojo, blanco	5–20 cm flores verticales	resiste el frío pero las yemas son sensibles a las heladas; venenosa
Coridalis *Especies de Corydalis*		rico en humus, permeable, no calcáreo	ppos. primavera-med. primavera todos menos naranja	10–30 cm densa	planta de rizoma resistente al frío; se propaga por semillas
Crocosmia *Especies de Crocosmia*		permeable	med. verano-ppos. otoño rojo, naranja, amarillo	50–80 cm erecta	lugar protegido; flor de corte
✿ Crocus *Especies de Crocus*		suelo de jardín permeable	fin. invierno-med. primavera/ fin. verano-fin. otoño todos menos rojo	5–10 cm erecta	florecen en primavera y en otoño, variedades grandes y pequeñas
Eremuros *Híbridos de Eremurus*		permeable, rico en nutrientes	fin. primavera-ppos. verano blanco, amarillo, naranja, rosa, lila	100–250 cm erecta	resistente al frío, pero los rizomas no toleran las heladas
✿ Escila azul *Especies de Scilla*		permeable, con humus	fin. invierno-ppos. verano azul, blanco, rosa	10–20 cm de cobertura	poco exigente; asilvestrada; bulbos resistentes al frío
✿ Escila española, Jacinto silvestre *Especies de Hyacinthoides*		fresco, mejor húmedo	med. primavera-ppos. verano azul, blanco, rosa	15–40 cm erecta	planta de bulbo resistente a las heladas, se propaga por semillas
Fritilaria *Especies de Fritillaria*		suelos profundos y permeables	med. primavera-ppos. verano todos los colores	15–100 cm erecta	la tablero de damas (*E. meleagris*) necesita humedad
Gladiolo *Híbridos de Gladiolus*		suelos secos a húmedos	fin. primavera-ppos. otoño todos menos azul	30–150 cm erecta	los híbridos ornamentales no toleran las heladas pero son perennes
Liatris, sierra de estrellas *Liatris spicata*		no demasiado húmedo	ppos. verano-ppos. otoño violeta, blanco	40–120 cm erecta	planta de rizoma resistente al frío; flor de corte
Lirio *Especies de Iris*		permeable, cálido	fin. invierno-ppos. verano todos los colores	5–120 cm erecta	especies con bulbo o con rizomas
✿ Nazarenos *Especies de Muscari*		permeable	ppos. primavera-ppos. verano azul, blanco, rosa	10–30 cm erecta	poco exigente; plantas de bulbo resistentes al frío; algunas son aromáticas
✿ Quinodoxa *Especies de Chionodoxa*		permeable, fresco	ppos. primavera-med. primavera azul, blanco, rosa	10–25 cm densa y erecta	planta de bulbo totalmente resistente al frío; se propaga por semillas

Calendario de floraciones

Campanilla de invierno (*Galanthus elwesii*)

Campanilla de las nieves europeo *(Galanthus nivalis)* crocus, erantis, lirio de bulbo *(Iris reticulata)*

Eléboro negro, bola de nieve

Corona imperial, crocus

Bergenia (*Bergenia*-Híbridos de), escila azul (*Scilla siberica*), crocus, tablero de damas, chionodoxa, anémona, narcisos silvestres, tulipanes silvestres (*Tulipa fosteriana, T. kaufmanniana, T. pulchella*), iris de bulbo (*Iris danfordiae*)

Pulmonarias (*Pulmonaria angustifolia, P. rubra, P. saccharata*), violetas (*Viola labradorica, V. odorata, V. sororia*)

Narcisos (*Narcissus triandrus,* Trompeten-N.), *Muscari armeniacum,* tulipanes (tulipanes ornamentales tempranos, tulipanes silvestres)

Begonia, *Epimedium,* primaveras (*Primula denticulata, P. elatior, P. rosea, P. veris*), *Doronicum orientale,* narcisos (*Narcissus jonquilla,* narcisos plenos), *Camassia, Iberis, Muscari botryoides,* tulipanes (por ejemplo los Híbridos de Darwin)

Brunera, campanillas tapizantes, nomeolvides, escila española

Corazones

Euforbias

Peonía *(Peonia officinalis)*, agracejo, fritilaria, *Eremurus elwesii, Eremurus himalaicus,* tulipanes tardíos

Aguileña, aster alpina, lirios, *Scilla peruviana, Euonymus alatus* «Compactus», kolkwizia, narciso *(Narcissus poeticus)*, flox tapizante, *Camassia,* bola de nieve, amapola oriental, *Iris sibirica*

Deutzia, clavel, gipsófila, nebulosa

Amapola de California, *Coreopsis,* salvia *(Salvia nemorosa)*, geranio vivaz

Salvia splendens, boca de dragón

Rosas

Azucenas, ajo ornamental, lirios holandeses *(Iris hollandica)* peonía *(Peonia lactiflora), Eremurus robustus*

Dianthus barbatus, Eryngium, digital, *Campanula glomerata,* azucena, *Astilbe,* primaveras de verano *(Primula x bullesiana, P. florindae), Eremurus stenophyllus*

Salvia viridis, acónito *(Aconitum lamarckii, A. napellus), Erigeron speciosus,* alquimila, hosta, arañuela de Damasco, campanilla de los Cárpatos, espuela de caballero, milenrama *(Achillea millefolium),* campanillas tapizantes *(Campanula portenschlagiana, C. poscharskyana)* campanilla de bosque

Nemesia, campanilla (*Campanula lactiflora*), Centaurea, *Malva moschata, Astilbe arendsii,* Equinácea, espírea, valeriana roja, *Scabiosa caucasica*

Hierba gatera *(Nepeta x faassenii),* caléndula, milenrama *(Achillea filipendulina),* salvia escarlata, tagetes, tabaco ornamental, zinnia

Lilium pardalinum, Allium sphaerocephalon

Acónito (*Aconitum x cammarum* «Bicolor»), digital, flox, santolina, lirio imperial, lavanda, altramuz, montbretia, campanas de Irlanda, *Astilbe simplicifolia, Astilbe thunbergii, Gypsophila, Lilium pardalinum,* oreja de liebre

Aster silvestre, orégano, *Pseudolysimachion longifolium,* aster amarilla, hierba gatera *(Nepeta sibirica),* ligularia, *Coreopsis verticillata,* sedo tapizante, aster de verano, híbridos de *Helenium,* malva real

Dalia, rudbequia anual *(Rudbekia hirta),* verbenas *(Verbena bonariensis, V. rigida), salvia farinacea,* girasol mexicano, *Cimifuga, Helianthus,* aster tapizante *(Aster x fritkartii)*

Monarda, Lilium longiflorum

Caryopteris, aster tapizante, *Echinops, Lilium speciosum,* rudbequias (*Rudbeckia fulgida, R. laciniata, R. nitida*)

Perovskia abrotanoides, sedo, vara de oro, anémona de otoño, girasol, aster silvestre

Aster de hojas lisas, crocus de otoño (*Crocus speciosus, C. zonatus*), *Aster ericoides, A. cordifolius*

Crisantemos, acónito (*Aconitum x arendsii*)

Crocus de otoño *(Crocus laevigatus, C. ochroleucus)*

Eléboro, bergenias invernales

	Invierno		Primavera			Verano			Otoño			Invierno
	Mediados	Finales	Principios	Mediados	Finales	Principios	Mediados	Finales	Principios	Mediados	Finales	Principios

Calendario de trabajo

Mediados invierno–Mediados de primavera: La ilusión de la temporada que se avecina

MEDIADOS DE INVIERNO

➤ **Planificar:** Repase los libros, revistas, catálogos nuevos y empiece a plantearse la nueva temporada de su jardín.

➤ **Multiplicar:** Ordene las bolsitas de semillas que le hayan quedado: tire las que no estén en buen estado y encargue nuevas flores de verano, matas y bulbos.

➤ **Cuidados:** Revise sus herramientas de jardín. Compruebe cómo están sus matas sensibles al frío. ¿Están bien protegidas?

FINALES DE INVIERNO

➤ **Planificar:** ¿Dónde va a colocar su nuevo arriate? Le será más fácil decidirse si trabaja sobre un plano del terreno.

➤ **Plantar:** Si el suelo no está helado, puede plantar arbustos con cepellón o con raíces desnudas.

➤ **Multiplicar:** Las flores de bulbo muy tempranas puede dividirlas inmediatamente después de la floración. En la repisa interna de la ventana ya puede empezar a plantar flores de verano anuales.

➤ **Cuidados:** Empiece a regar las matas y arbustos perennes después de largas etapas de sequía.

Finales primavera–Finales verano: Temporata alta en el arriate de flores

FINALES DE PRIMAVERA

➤ **Plantar:** Ahora puede sacar al exterior todas las plantas sensibles al frío –flores de verano, bulbos, rizomas– y plantarlas en el arriate.

➤ **Multiplicar:** Sembrar las plantas anuales directamente en el arriate. Hasta finales de primaverase pueden preparar propágulos de los arbustos.

➤ **Cuidados:** Colocar tutores en todas aquellas matas que tiendan a caer o a desplomarse. Las matas de primavera, como las forsytias, hay que someterlas a una poda de aclaramiento inmediatamente después de la floración.

PRINCIPIOS DE VERANO

➤ **Plantar:** Rellenar posibles huecos con plantas anuales.

➤ **Cuidados:** Las matas de crecimiento muy rápido, como la espuela de caballero, hay que recortarlas después de la floración hasta dejarlas en un palmo. Así se estimula una segunda floración en finales de verano principios de otoño. Mullir frecuentemente el suelo entre las plantas; acolchar; eliminar de inmediato los tallos vástagos silvestres de los rosales; mejor arrancar que cortar.

Principios otoño–Principios invierno: Preparando la próxima temporada

PRINCIPIOS DE OTOÑO

➤ **Planificar:** Observe atentamente sus plantas y sus arriates: ¿Qué es lo que tiene buen aspecto, y qué es lo que menos le gusta? Busque nuevas ideas.

➤ **Plantar:** Plante en el arriate las plantas de bulbo tales como narcisos y tulipanes. Es la mejor época para plantar las matas de floración temprana, como las peonías.

➤ **Multiplicar:** Cortar los bulbos y rizomas que florecen en verano, separar los bulbos hijos de la planta madre.

MEDIADOS DE OTOÑO

➤ **Plantar:** Sembrar en el arriate las plantas anuales resistentes al frío, como las caléndulas.

➤ **Multiplicar:** Ahora es el momento de dividir las matas que florecen en primavera y en otoño.

➤ **Cuidados:** Retirar las flores de verano que no soporten el frío y guardarlas en el interior o emplearlas para hacer compost; desenterrar los bulbos y rizomas sensibles al frío, etiquetarlos y guardarlos a salvo de las heladas.

➤ **Preparar:** Si quiere crear un nuevo arriate para flores, marque ya su perímetro y empiece a acondicionar el suelo.

➤ **Cuidados:** Pode y aclare bien los rosales injertados, enanos y de arriate; a los demás rosales córteles los tallos enfermos o muertos. Pode todos los vástagos de las matas que hayan soportado el invierno. Los arbustos que florezcan en la madera del año hay que someterlos a una poda severa; a los demás basta con aclararlos.

➤ **Planificar:** Si su arriate va a estar rodeado por un seto o un margen, medite bien cómo le gustaría que fuese.

➤ **Plantar:** En cuanto haya cavado el suelo, empiece a plantar las matas, especialmente las que florecen en otoño, así como los bulbos y rizomas que florecen en verano y otoño.

➤ **Multiplicar:** Divida las matas que florecen en otoño; también es el momento de obtener injertos.

➤ **Cuidados:** Podar las matas tapizantes después de la floración.

➤ **Planificar:** Inspírese por lo que vea en otros jardines.

➤ **Cuidados:** Corte en un tercio las matas grandes de otoño; así se prolongará la floración y será también más abundante; las plantas serán más estables. Podar hasta la siguiente yema los rosales que ya hayan florecido. Si el tiempo es seco, no se olvide de regar; preferiblemente por la mañana. Elimine las malas hierbas de los arriates, ate las plantas o colóqueles tutores si lo necesitan.

➤ **Plantar:** Las bianuales se pueden plantar directamente en el arriate. Ahora es el momento para lirios, azucenas y corona imperial.

➤ **Multiplicar:** Los vástagos que se cortan al podar el boj se pueden emplear como esquejes.

➤ **Cuidados:** Dar forma al boj. Hasta finales de verano principios de otoño todavía puede colocar plantas provisionales para que preparen la tierra de los arriates que piensa plantar el año próximo.

➤ **Plantar:** Es el momento de plantar los arbustos de raíces desnudas.

➤ **Multiplicar:** Cortar esquejes de los arbustos de verano y dejarlos invernar en arena húmeda protegidos de las heladas para plantarlos en primavera.

➤ **Cuidados:** Proteger las matas delicadas con hojarasca, ramas de coníferas o tela de saco. Proteger los rosales con tierra o paja.

➤ **Preparar:** Piense en nuevas combinaciones de colores y repase los catálogos para buscar las plantas adecuadas.

➤ **Cuidados:** Aclare cuidadosamente los arbustos ornamentales. Procure mantener mullido el suelo de los arriates trabajando la capa superficial. Revise periódicamente las plantas que haya trasladado al interior para detectar a tiempo posibles parásitos o enfermedades.

Índice alfabético

Los números expresados en **negrita** hacen referencia a las ilustraciones

FORMULE SUS DESEOS

Consulte revistas, libros y catálogos, busque **inspiración** en otros jardines y anótese todo aquello que le guste. Piense qué **estilo** le gusta y qué colores y elementos son los que encajarían con él –también es importante que medite el **tiempo** que desea invertir en su jardín–.

Así hará florecer su jardín

ESTRUCTURAR EL ARRIATE

Un arriate perfecto ha de resultar atractivo durante todo el año. Por lo tanto, y especialmente si quiere que sea variado y multicolor, establezca unos **tamaños fijos:** las matas y los arbustos perennes bien podados le proporcionarán **estilo y coherencia** al arriate, al igual que las matas dominantes y el esquema de colores.

LA PREPARACIÓN LO ES TODO

Para que sus plantas se desarrollen todo lo hermosas que usted desea, será necesario que empiece por prepara bien el arriate. Los trabajos más importantes para empezar con buen pie son **mullir** el suelo, eliminar las **malas hierbas** y añadir los nutrientes necesarios.

HAY QUE CUIDAR UN POCO EL SUELO

Después de plantar sus plantas también deber seguir cuidándolas un poco. Si quiere que le recompensen con una espléndida floración tendrá que **regarlas** en tiempo seco, mullir e suelo y **acolchar** su capa superior, sin olvidarse de eliminar las malas hierbas.

Nuestros 10 consejos básicos

ESTADO GENERAL

Estudie detenidamente su terreno empezando por los planos: ¿Cómo es el **suelo**, cuánto tiempo está el jardín al **sol** y cuánto a la sombra? ¿Dónde va a colocar el nuevo arriate? Compruebe primero su ubicación y su **tamaño** óptimo con un cordel y estacas o con una manguera.

TENGA EN CUENTA SUS NECESIDADES

Las distintas especies de plantas tienen también distintas **necesidades**. Pero existen plantas adecuadas para cualquier lugar. Si elige plantas que se adapten a las condiciones de su jardín, conseguirá llenarlo de flores con relativamente **poco trabajo.**

CONSTRUIR CORRECTAMENTE EL ARRIATE

¡Juegue con las diferentes alturas de las plantas! La **distribución** de matas y arbustos no tiene que ser estricta ni esquemática. Son muy importantes las plantas del **primer término,** las que cierran el arriate. Las flores de bulbo y las matas de floración temprana deben estar en el centro o en la **parte posterior.**

COMPRAR LAS PLANTAS ADECUADAS

Las plantas son lo más importante de su jardín. Por lo tanto, exija la máxima **calidad.** Lo mejor es acudir a centros de jardinería especializados. Cuando haya previsto **determinadas especies** para un arriate deberá comprar ésas y sólo ésas, ya que de lo contrario desmontaría todo su esquema inicial.

SIEMPRE ATRACTIVO

Proporciónele a su arriate un **tratamiento de belleza:** coloque tutores para las plantas más altas, o átelas, **corte** las flores que empiecen a marchitarse, llene los huecos con plantas anuales, deles forma a las bolas de boj, pode las matas que se desborden –así siempre lucirá bien cuidado–.

ATRACTIVO INVERNAL

No deje que su arriate se duerma durante el invierno. A pesar de que ya no haya muchas flores, las plantas de **hoja perenne** seguirán dándole forma. No pode las matas de otoño y las hierbas hasta la primavera, la nieve y el hielo les darán un aspecto mágico.

Directora de la colección: **Carme Farré Arana.**

Título de la edición original: **Blühender Garten.**

Es propiedad, 2005
© **Gräfe und Unzer Verlag GmbH,** Munich.

© de la edición en castellano, 2007:
Editorial Hispano Europea, S. A.
Primer de Maig, 21 - Pol. Ind. Gran Via Sud
08908 L'Hospitalet - Barcelona, España.
E-mail: hispanoeuropea@hispanoeuropea.com

© de la traducción: **Enrique Dauner**.

Depósito Legal: B. 15970-2007.

ISBN: 978-84-255-1721-1.

Consulte nuestra web:
www.hispanoeuropea.com

ADVERTENCIAS IMPORTANTES
> Algunas de las plantas descritas en este libro son tóxicas o irritantes. No deben consumirse como alimento.
> Guarde los abonos y demás productos de jardinería fuera del alcance de los niños y los animales domésticos.
> Si se lesiona trabajando en el jardín, acuda a su médico lo antes posible. Podría ser necesario administrarle la vacuna antitetánica.

ACERCA DE LA AUTORA
Esther Herr estudió paisajística y es especialista en plantas ornamentales. Su experiencia práctica la ha conseguido trabajando en diversos viveros de plantas. Actualmente trabaja como redactora en la editorial Live&More y escribe principalmente para las revistas *Gärtnern leicht gemacht* y *Grün*

Crédito de fotografías:
AS-Gartenbild/Stork: 31 izquierda, 47 derecha; Bornemann: 32; Fischer: 34 derecha, 44 derecha, 46 izquierda; Franz: 42 izquierda; GBA/Didillon: 11 izquierda abajo; GBA/Engelh.: 1; GBA/Nichols: 6, 12 izquierda, contraportada izquierda; GBA/Noun: 4/5; 15, 20, 37; Haas:34 izquierda, 35; Heider/Orel: 29 izquierda arriba; Herwig: 29 izquierda abajo; L&M/Stork: 31 centro; Müller: 25; Nickig: portada, 12 derecha, 43 izquierda, 43 derecha, 44 izquierda, 45 derecha, 46 derecha, 47 centro; Pforr: 14, 18, 19, 38, 43 centro, 45 izquierda, 48 derecha, 49 centro, 49 derecha, 62; Redeleit: 11 arriba izquierda, 13, 27, 31 derecha, 33, 36 izquierda; Reinhard: 7, 8, 17, 21, 23 izquierda arriba; 49 izquierda, contraportada centro; Schneider/Will: 3, 24, 48 izquierda; Strauss: 2/3, 26, 30, 34 centro, 36 derecha, 40/41, 42 derecha, contraportada derecha; Thinschmidt & Papouschek: 9, 23 izquierda abajo; Wildlife/Harms: 39.
Ilustraciones: Janiček: 10, 16, 22, 28.
Fotos de las cubiertas y del interior: Portada: hermoso arriate de flores con tulipanes y nomeolvides; página 1: zinnias, cosmos; págs. 4/5: cosmos; pág. 40/41: boca de dragón; pág. 64 híbrido de *Dahlia* «Pfitzers Joker»; contraportada: arriate con matas (izquierda), zinnias (centro), *Liatris spicata* (derecha).

IMPRESO EN ESPAÑA   PRINTED IN SPAIN
LIMPERGRAF, S. L. - Mogoda, 29-31 (Pol. Ind. Can Salvatella) - 08210 Barberà del Vallès